目 录

一、牦牛乳相关标准解读 1

（一）我国牦牛乳标准体系分析 3
（二）我国生牦牛乳产品标准主要指标比较分析 5

二、牦牛乳产品标准 11

行业标准 13

生牦牛乳 RHB 801—2012 13

巴氏杀菌牦牛乳、灭菌牦牛乳和调制牦牛乳 RHB 802—2012 16

发酵牦牛乳 RHB 803—2012 21

牦牛乳粉 RHB 804—2012 26

地方标准 31

食品安全地方标准　牦牛生乳 DBS63/0001—2019 31

食品安全地方标准　灭菌牦牛乳 DBS63/0007—2021 34

地理标志产品　甘南牦牛奶粉 DB62/T 4190—2020 39

食品安全地方标准　牦牛奶酪 DBS63/0008—2021 47

食品安全地方标准　固态牦牛乳制品 DBS63/0001—2022 52

团体标准 57

有机生牦牛乳 T/CXDYJ 0001—2019 57

巴氏杀菌有机牦牛乳、灭菌有机牦牛乳和调制有机牦牛乳

T/CXDYJ 0004—2020 61

地理标志产品　红原牦牛奶 T/NENG 001—2022 66

发酵有机牦牛乳 T/CXDYJ 0003—2019 73

有机牦牛乳粉 T/CXDYJ 0002—2019 78

地理标志产品　红原牦牛奶粉 T/NENG 002—2022 ……………………… 83

三、牦牛乳产品生产技术规范 ………………………………………………… 91

牦牛交奶牧户管理规范 RHB 811—2018 …………………………………… 93

生牦牛乳收购管理规范 RHB 812—2018 …………………………………… 96

生牦牛乳流动收奶站管理规范 RHB 813—2018 …………………………… 99

牦牛乳奶车清洗管理规范 RHB 814—2018 ………………………………… 102

牦牛原料乳采收技术规范 T/QOAPA 004—2021 …………………………… 104

藏北牦牛奶生产检验标准 T/HXCY 017—2020 ……………………………… 109

牦牛酥油生产技术规范 T/QOAPA 001—2021 ……………………………… 113

牦牛曲拉生产技术规范 T/QOAPA 002—2021 ……………………………… 118

牦牛酸奶生产技术规范 T/QOAPA 003—2021 ……………………………… 123

牦牛奶皮子加工技术规范 T/QOAPA 011—2021 …………………………… 128

四、牦牛乳检测方法标准 ……………………………………………………… 133

乳及乳制品中牛（家牛、牦牛和水牛）和羊（山羊和绵羊）源性成分定性

　　检测方法　实时荧光 PCR 法 T/CNHFA 002—2022 ………………… 135

奶真实性鉴定　实时荧光 PCR 法 T/TDSTIA 035—2023 ………………… 143

一、牦牛乳相关标准解读

一、牦牛乳相关标准解读

（一）我国牦牛乳标准体系分析

1. 整体情况

截至目前，牦牛乳相关标准共计27项，覆盖产品标准、产品生产技术规范、检测方法标准3个方面。其中，产品标准15项、产品生产技术规范10项、检测方法标准2项（图1-1）。按照标准类型划分，包括行业标准8项、地方标准5项、团体标准14项（图1-2）。

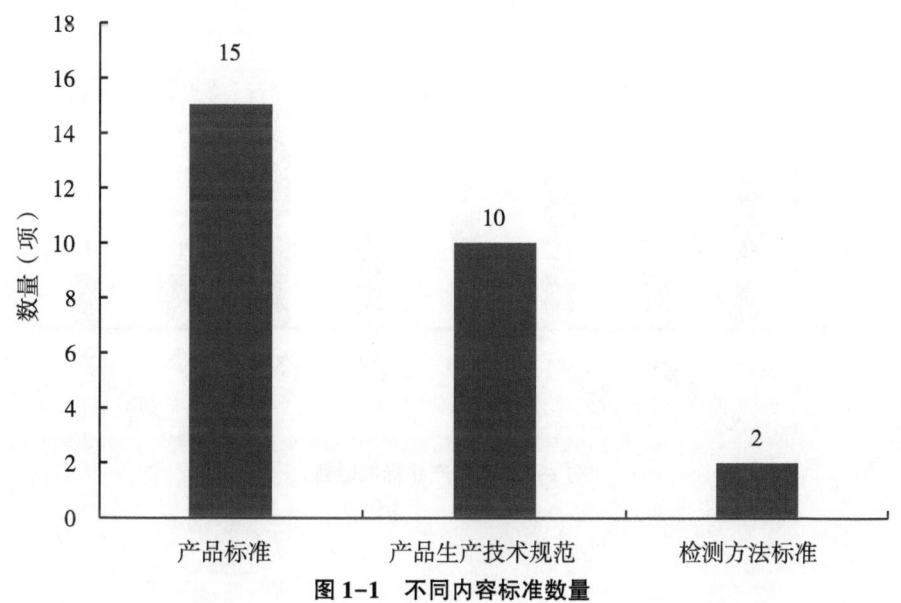

图1-1 不同内容标准数量

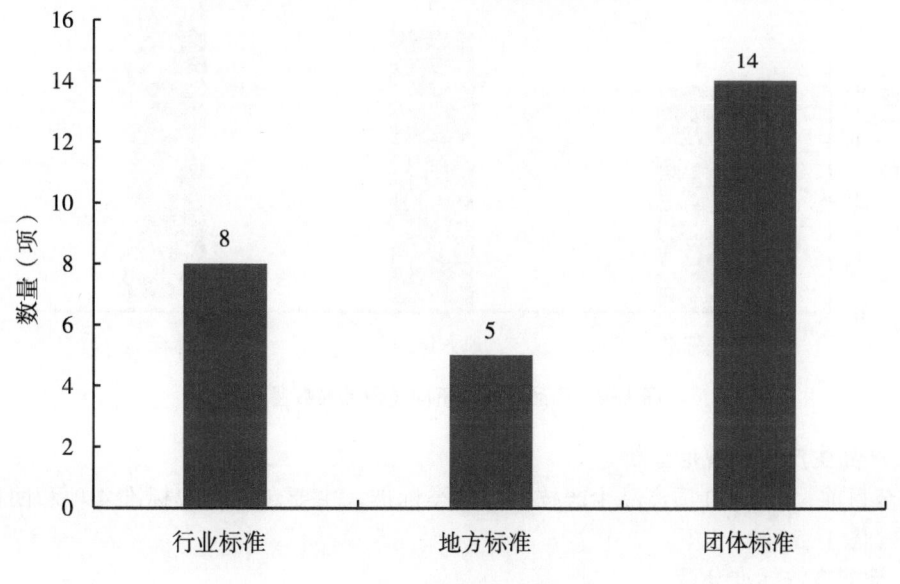

图1-2 不同类型标准数量

2. 产品标准分析

截至目前，共有 15 项产品类标准，主要包含生乳标准 3 项、巴氏杀菌乳标准 2 项、灭菌乳标准 3 项、调制乳标准 2 项、发酵乳标准 2 项、乳粉标准 4 项、奶酪标准 1 项、固态乳制品标准 1 项（有两项标准同时对巴氏杀菌乳、灭菌乳、调制乳产品标准进行了规定）（图 1-3）。此外还包括地理标志产品标准 1 项，主要规定了以红原牦牛生乳为原料，经原奶采收、巴氏杀菌、灌装等工艺生产的红原牦牛奶。按照标准类型划分，分为行业标准 4 项、地方标准 5 项、团体标准 6 项（图 1-4）。

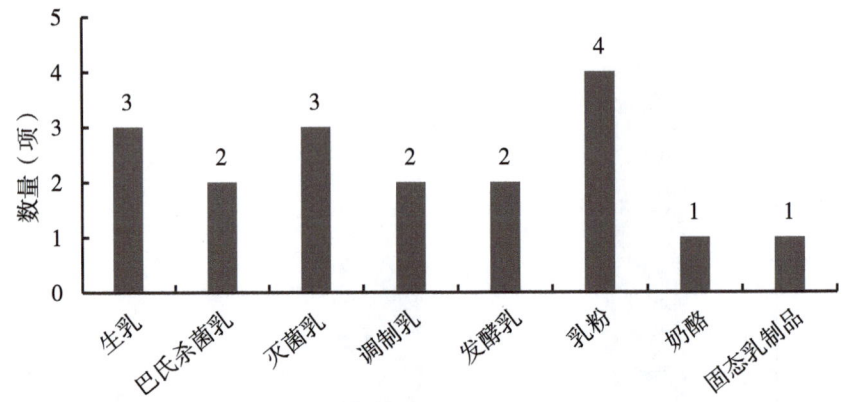

图 1-3　不同产品标准数量

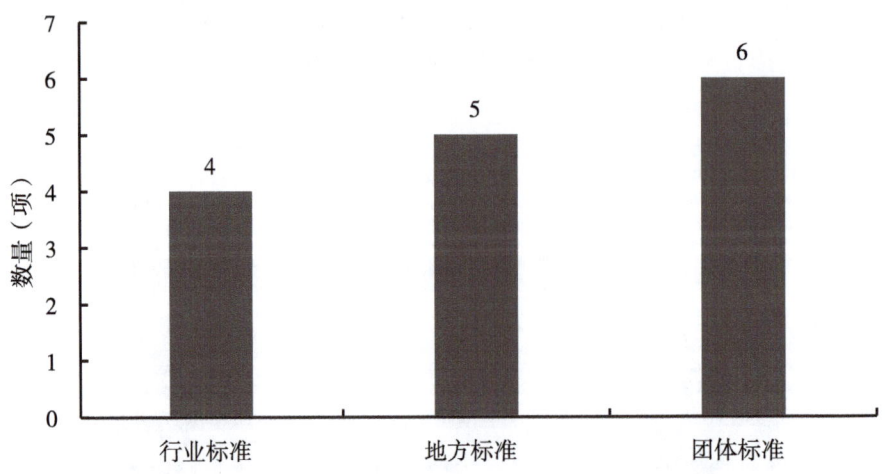

图 1-4　产品标准中不同类型标准数量

3. 产品生产技术规范分析

截至目前，共有 10 项产品生产技术规范类标准。主要包含行业标准 4 项和团体标准 6 项（图 1-5）。

4. 检测方法标准分析

截至目前，共有 2 项产品检测方法标准，分别为团体标准《乳及乳制品中牛（家牛、牦牛和水牛）和羊（山羊和绵羊）源性成分定性检测方法　实时荧光 PCR 法》

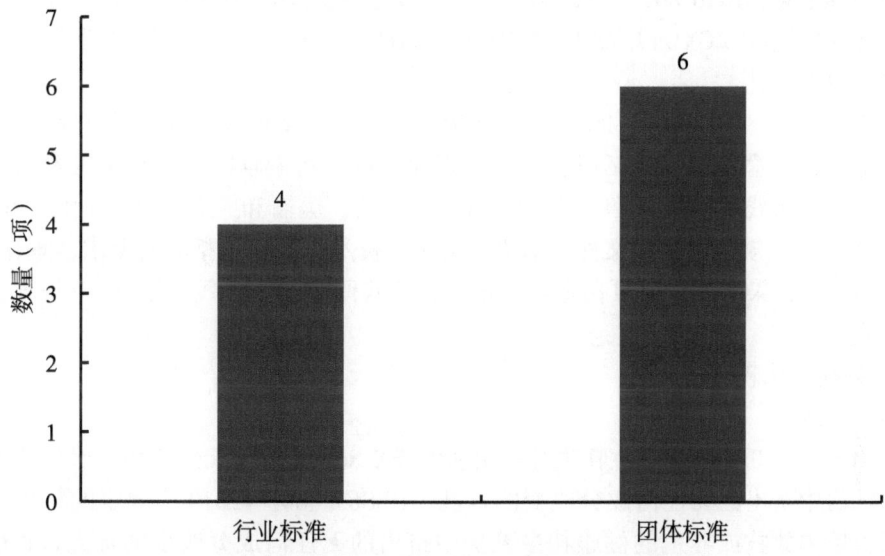

图 1-5 产品生产技术规范中不同类型标准数量

(T/CNHFA 002—2022) 和《奶真实性鉴定 实时荧光 PCR 法》（T/TDSTIA 035—2023）。

（二）我国生牦牛乳产品标准主要指标比较分析

牦牛乳主要是满足高寒地区少数民族日常生活和较少的生产所需，随着近年来商业化的发展，已成为助力乡村振兴的新兴产业。然而，长期缺乏牦牛乳相关质量标准，导致牦牛乳产业发展受限。本章对国内生牦牛乳行业标准、地方标准和团体标准各指标进行了整理比较，可为进一步做好生牦牛乳生产标准化工作提供参考。

1. 我国生牦牛乳产品标准

我国现阶段发布的生牦牛乳标准有中国乳制品工业行业标准 RHB 801—2012、青海省地方标准 DBS63/0001—2019、团体标准 T/CXDYJ 0001—2019（表 1-1），包括行业标准 1 项、地方标准 1 项、团体标准 1 项。

表 1-1 我国生牦牛乳产品标准

序号	类型	标准号	标准名称	发布单位	发布时间	实施日期
1	行业标准	RHB 801—2012	生牦牛乳	中国乳制品工业行业标准	2012 年 12 月 31 日	2012 年 12 月 31 日
2	地方标准	DBS63/0001—2019	牦牛生乳	青海省卫生健康委员会	2020 年 3 月 6 日	2020 年 4 月 6 日
3	团体标准	T/CXDYJ 0001—2019	有机生牦牛乳	北京现代有机产业技术创新战略联盟	2019 年 7 月 26 日	2019 年 7 月 29 日

从名称上看，RHB 801—2012 规定的产品是生牦牛乳、DBS63/0001—2019 规定的产品是牦牛生乳、T/CXDYJ 0001—2019 规定的产品是有机生牦牛乳，3 项标准均不适用于即食生牦牛乳。

从内容上看，RHB 801—2012、T/CXDYJ 0001—2019 包含范围、规范性引用文件、术语和定义、技术要求（包括感官要求、理化指标、污染物限量、真菌毒素限量、微生物限量、农药残留限量和兽药残留限量）、挤乳、运输和贮存要求；DBS63/0001—2019 包含范围、规范性引用文件、术语和定义、技术要求（包括感官要求、理化指标、微生物指标、污染物限量、真菌毒素限量、农药残留限量和兽药残留限量）、挤乳、运输和贮存要求。

2. 各指标比较分析

（1）定义

RHB 801—2012 中规定生牦牛乳是指从海拔 2 800 m 以上天然草场自然放牧的健康母牦牛乳房中挤出的无任何成分改变的常乳。DBS63/0001—2019 中规定的牦牛生乳是指青海省境内放牧或养殖的健康牦牛乳房中挤出的无任何成分改变的常乳。T/CXDYJ 0001—2019 中规定的有机生牦牛乳是指从海拔 2 800 m 以上天然草场自然放牧的健康母牦牛乳房中挤出的无任何成分改变、无药物残留和重金属残留，并经过有资质的认证机构认证及颁发有机生牦牛乳证书的常乳。三项标准均强调产犊后 7 天的初乳、应用生物药物期间和休药期间的乳汁、变质乳不应用作生乳。

RHB 801—2012 和 T/CXDYJ 0001—2019 均强调"海拔 2 800 m 以上天然草场"，DBS63/0001—2019 强调的是"青海省境内"，除此之外，T/CXDYJ 0001—2019 还提到了"无药残和重金属残留，并经过有资质的认证机构认证及颁发有机生牦牛乳证书"。

（2）范围

RHB 801—2012 规定了生牦牛乳的术语和定义、技术要求、检验方法、挤乳、运输和贮存，适用于生牦牛乳，不适用于即食生牦牛乳。

DBS63/0001—2019 规定了牦牛生乳的术语和定义、技术要求、检验方法、挤乳、运输和贮存，适用于牦牛生乳，不适用于即食生乳。

T/CXDYJ 0001—2019 规定了有机生牦牛乳的术语和定义、技术要求、检验方法、挤乳、运输和贮存，适用于有机生牦牛乳，不适用于即食生牦牛乳。

（3）技术要求

RHB 801—2012、DBS63/0001—2019、T/CXDYJ 0001—2019 均规定了技术要求且表述基本一致，包含 6 个内容：感官要求、理化指标、污染物限量、真菌毒素限量、微生物限量、农药残留限量和兽药残留限量。

①感官要求

RHB 801—2012 和 T/CXDYJ 0001—2019 2 项标准中均规定了色泽、滋味、气味、组织状态，DBS63/0001—2019 在以上 3 个项目的基础上多了对杂质的要求（表 1-2）。

表1-2 生牦牛乳标准感官指标

标准号	色泽	滋味、气味	组织状态	杂质
RHB 801—2012	呈乳白色或微黄色	具有牦牛乳固有的香味，无异味	呈均匀一致液体，无凝块、无沉淀、无正常视力可见异物	—
DBS63/0001—2019	呈乳白色或微黄色	具有牦牛乳固有的香味，无异味	呈均匀一致液体，无凝块、无沉淀	无肉眼可见的外来杂质
T/CXDYJ0001—2019	呈乳白色或微黄色	具有牦牛乳固有的香味，无异味	呈均匀一致的液体，无凝块、无沉淀、无正常视力可见异物	—

在色泽、滋味、气味指标上 RHB 801—2012、DBS63/0001—2019 和 T/CXDYJ 0001—2019 3 项标准均表述一致。

在组织状态上，RHB 801—2012 和 T/CXDYJ 0001—2019 2 项标准表述一致。DBS63/0001—2019 中只有"呈均匀一致液体，无凝块、无沉淀"的描述，将"无肉眼可见的外来杂质"单独设置为第四个项目——杂质。

②理化指标及限量值

牦牛由于其独特的生存环境，营养价值特殊，牦牛乳的乳脂肪、蛋白质、干物质、乳糖含量要显著高于其他牛种，是加工乳渣、酥油等乳制品的优质乳源之一。牦牛乳中蛋白质的含量为 4.7~6.5 g/kg，脂肪含量为 5.6~7.2 g/kg，乳糖含量为 4.7~5.3 g/kg，非脂乳固体含量为 16.3~18.4 g/kg。牦牛乳组成成分含量与其生长环境有关，随着海拔的增高，牦牛乳脂肪含量明显增加，蛋白质含量也有所增加，而非脂乳固体、乳糖、冰点、相对密度、酸度无显著规律变化。

RHB 801—2012 和 T/CXDYJ 0001—2019 2 项标准中理化指标包括蛋白质含量、脂肪含量、非脂乳固体、相对密度、酸度、杂质度，所有指标分为一级、二级、三级。DBS63/0001—2019 中理化指标包括蛋白质含量、脂肪含量、非脂乳固体、相对密度、酸度、杂质度、冰点（表1-3）。

表1-3 生牦牛乳标准理化指标

指标	RHB 801—2012	DBS63/0001—2019	T/CXDYJ 0001—2019
蛋白质/（g/100 g）	一级≥4.5	≥3.8	一级≥4.5
	二级≥4.2		二级≥4.2
	三级≥3.8		三级≥3.8
脂肪/（g/100 g）	一级≥6.0	≥5.0	一级≥6.0
	二级≥5.5		二级≥5.5
	三级≥5.0		三级≥5.0

（续表）

指标	RHB 801—2012	DBS63/0001—2019	T/CXDYJ 0001—2019
非脂乳固体/（g/100 g）	一级≥11.0 二级≥10.0 三级≥9.0	≥10.0	一级≥11.0 二级≥10.0 三级≥9.0
相对密度/（20℃/4℃）	一级≥1.032 二级≥1.031 三级≥1.030	≥1.028	一级≥1.032 二级≥1.031 三级≥1.030
杂质度/（mg/kg）	≤4.0	≤4.0	≤4.0
酸度/°T	16~22	14~18	16~22
冰点/℃	—	−0.560~−0.500	—

a. 蛋白质

蛋白质是生牦牛乳中的主要成分之一，是反映生牦牛乳营养品质的重要指标。生牦牛乳中蛋白质主要由酪蛋白和乳清蛋白组成，其中酪蛋白主要由α-酪蛋白、β-酪蛋白和k-酪蛋白组成，分别为23.34 g/L、16.14 g/L、9.80 g/L，含量明显高于水牛乳、骆驼乳、山羊乳、马乳等其他特色乳。RHB 801—2012 和 T/CXDYJ 0001—2019 中规定一级生牦牛乳蛋白质指标值为≥4.5 g/100 g、二级生牦牛乳蛋白质指标值为≥4.2 g/100 g、三级生牦牛乳蛋白质指标值为≥3.8 g/100 g，DBS63/0001—2019 中规定蛋白质指标值为≥3.8 g/100 g。

b. 脂肪

脂肪是生牦牛乳中的主要成分之一，是反映生牦牛乳营养品质的重要指标。牦牛乳的脂肪球直径平均为4.39 μm，大于山羊乳、绵羊乳和荷斯坦牛乳。RHB 801—2012 和 T/CXDYJ 0001—2019 中规定一级生牦牛乳脂肪指标值为≥6.0 g/100 g、二级生牦牛乳脂肪指标值为≥5.5 g/100 g、三级生牦牛乳脂肪指标值为≥5.0 g/100 g，DBS63/0001—2019 中规定脂肪指标值为≥5.0 g/100 g。

c. 非脂乳固体

非脂乳固体是指生牦牛乳中除了脂肪和水分之外的物质的总称。RHB 801—2012 和 T/CXDYJ 0001—2019 中规定一级生牦牛乳非脂乳固体指标值为≥11.0 g/100 g、二级生牦牛乳非脂乳固体指标值为≥10.0 g/100 g、三级生牦牛乳非脂乳固体指标值为≥9.0 g/100 g，DBS63/0001—2019 中规定非脂乳固体指标值为≥10.0 g/100 g。

d. 相对密度

相对密度是指生牦牛乳在20℃时的质量与同容积水在4℃时的质量之比。RHB 801—2012 和 T/CXDYJ 0001—2019 中规定一级生牦牛乳相对密度指标值为≥1.032（20℃/4℃）、二级生牦牛乳相对密度指标值为≥1.031（20℃/4℃）、三级生牦牛乳相对密度指标值为≥1.030（20℃/4℃），DBS63/0001—2019 中规定相对密度指标值为≥

1.028（20℃/4℃）。

e. 杂质度

杂质度是指生牦牛乳中含有杂质的量，是衡量生牦牛乳洁净度的重要指标。RHB 801—2012、DBS63/0001—2019 和 T/CXDYJ 0001—2019 中均规定生牦牛乳杂质度指标值为≤4.0 mg/kg。

f. 酸度

酸度反映生牦牛乳新鲜度。RHB 801—2012 和 T/CXDYJ 0001—2019 中规定生牦牛乳酸度指标范围为 16~22°T，DBS63/0001—2019 中规定生牦牛乳酸度指标范围为 14~18°T。

g. 冰点

生牦牛乳的冰点低于荷斯坦牛乳、山羊乳和绵羊乳。RHB 801—2012 和 T/CXDYJ 0001—2019 中对生牦牛乳冰点指标值没有规定，DBS63/0001—2019 中规定生牦牛乳冰点指标范围为-0.560~-0.500。

③污染物限量

RHB 801—2012 和 T/CXDYJ 0001—2019 均规定不得检出，DBS63/0001—2019 中规定应符合 GB 2762 的规定。

④真菌毒素限量

RHB 801—2012 和 T/CXDYJ 0001—2019 均规定不得检出，DBS63/0001—2019 中规定应符合 GB 2761 的规定。

⑤微生物指标及限量

RHB 801—2012 和 T/CXDYJ 0001—2019 中对微生物指标的限量均分为三级，DBS63/0001—2019 中对微生物指标的限量不分级别（表1-4）。

表1-4 生牦牛乳微生物指标

指标	RHB 801—2012	DBS63/0001—2019	T/CXDYJ 0001—2019
菌落总数/[CFU/g（mL）]	一级≤3×10^5	≤2×10^6	一级≤3×10^5
	二级≤5×10^5		二级≤5×10^5
	三级≤1×10^6		三级≤1×10^6

⑥农药残留限量和兽药残留限量

RHB 801—2012 和 DBS63/0001—2019 均规定农药残留限量应符合 GB 2763 及国家有关规定和公告，T/CXDYJ 0001—2019 中规定农药残留不得检出。

RHB 801—2012 和 DBS63/0001—2019 均规定兽药残留限量应符合国家有关规定和公告，T/CXDYJ 0001—2019 中规定兽药残留不得检出。

(4) 挤乳、运输和贮存

①挤乳

RHB 801—2012 和 DBS63/0001—2019 均规定挤乳场所应整洁、干净，挤乳前应用温水洗乳房，盛乳的器皿应清洗消毒并有防蝇防尘设施。T/CXDYJ 0001—2019 在以上描述的基础上还补充了"消毒方法应采用无毒无害的操作方法"。

②运输和贮存

RHB 801—2012 和 DBS63/0001—2019 均规定运输和贮存应于密闭、洁净、经过消毒的保温奶槽车或符合食品安全要求的容器中,但 2 个标准中规定的贮存温度不同,RHB 801—2012 规定的贮存温度为 2~6℃,DBS63/0001—2019 规定的贮存温度为 1~5℃。T/CXDYJ 0001—2019 中规定生乳应于密闭、洁净、经过消毒的保温奶槽车中运输,贮存温度为 2~6℃,强调容器应符合有机食品安全要求,并且补充了"生乳消毒方法可采取超高压食品加工技术或巴氏消毒法等不产生有害物质残留的操作方式。生乳的运输和贮存过程中不得出现混装和交叉污染等问题。"的内容。

二、牦牛乳产品标准

二、牦牛乳产品标准

【行业标准】

生牦牛乳
Raw yak milk

标 准 号：RHB 801—2012
发布日期：2012-12-31　　　　　　　　实施日期：2012-12-31
发布单位：中国乳制品工业协会

前　　言

牦牛乳是我国特有的特种乳资源，其干物质含量高，营养物质丰富，为发挥和有效利用牦牛乳的资源优势，引导和规范牦牛乳产业的健康发展，特制定本行业规范。

本规范按照 GB/T 1.1—2009 的编写规则起草。

本规范由中国乳制品工业协会提出并归口。

本规范由西藏高原之宝牦牛乳业股份有限公司、四川省若尔盖高原之宝牦牛乳业股份有限公司、西藏大学农牧学院、甘肃省甘南燎原乳业有限责任公司、青海省青海圣湖乳业有限责任公司、青海省高原牧歌乳业有限责任公司起草。

本规范主要起草人：向贵万、杨朝文、罗章、余萍、李秀英、彭云、唐延彬、陶生俭、蒋文波。

生牦牛乳

1 范围

本规范规定了生牦牛乳的术语和定义、技术要求、检验方法、挤乳、运输和贮存。本规范适用于生牦牛乳,不适用于即食生牦牛乳。

2 规范性引用文件

下列文件对于本规范的应用是必不可少的。凡是注日期的引用文件,仅所注日期的版本适用于本规范。凡是不注日期的引用文件,其最新版本(包括所有的修改单)适用于本规范。

GB 2761　食品安全国家标准　食品中真菌毒素限量

GB 2762　食品中污染物限量

GB 2763　食品安全国家标准　食品中农药最大残留限量

GB 4789.2　食品安全国家标准　食品微生物学检验　菌落总数测定

GB 5009.5　食品安全国家标准　食品中蛋白质的测定

GB 5413.3　食品安全国家标准　婴幼儿配方食品和乳品中脂肪的测定

GB 5413.30　食品安全国家标准　乳和乳制品杂质度的测定

GB 5413.33　食品安全国家标准　生乳相对密度的测定

GB 5413.34　食品安全国家标准　乳和乳制品酸度的测定

GB 5413.39　食品安全国家标准　乳和乳制品中非脂乳固体的测定

3 术语和定义

3.1 生牦牛乳　raw yak milk

生牦牛乳是指从海拔 2 800 m 以上天然草场自然放牧的健康母牦牛乳房中挤出的无任何成分改变的常乳。产犊后 7 天的初乳、应用抗生素期间和休药期间的乳汁、变质乳不应用作生牦牛乳。

4 技术要求

4.1 感官要求

应符合表 1 的规定。

表 1　感官要求

项目	要求	检验方法
色泽	呈乳白色或微黄色	取适量试样置于 50 mL 烧杯中,在自然光下观察色泽和组织状态。闻其气味,用温开水漱口,品尝滋味
滋味、气味	具有牦牛乳固有的香味,无异味	
组织状态	呈均匀一致液体,无凝块、无沉淀、无正常视力可见异物	

4.2 理化指标

应符合表 2 的规定。

表 2 理化指标

项目		指标			检验方法
		一级	二级	三级	
蛋白质/（g/100 g）	≥	4.5	4.2	3.8	GB 5009.5
脂肪/（g/100 g）	≥	6.0	5.5	5.0	GB 5413.3
非脂乳固体/（g/100 g）	≥	11.0	10.0	9.0	GB 5413.39
相对密度/（20℃/4℃）	≥	1.032	1.031	1.030	GB 5413.33
杂质度/（mg/kg）	≤		4.0		GB 5413.30
酸度/°T			16~22		GB 5413.34

4.3 污染物限量

应符合 GB 2762 的规定。

4.4 真菌毒素限量

应符合 GB 2761 的规定。

4.5 微生物限量

应符合表 3 的规定。

表 3 微生物限量

等级	微生物限量/[CFU/g（mL）]	检验方法
一级	≤3×10^5	
二级	≤5×10^5	GB 4789.2
三级	≤1×10^6	

4.6 农药残留限量和兽药残留限量

4.6.1 农药残留限量应符合 GB 2763 及国家有关规定和公告。

4.6.2 兽药残留限量应符合国家有关规定和公告。

5 挤乳、运输和贮存

5.1 挤乳

挤乳场所应整洁、干净，挤乳前应用温水清洗乳房，盛乳的器皿应清洗消毒并有防蝇防尘设施。

5.2 运输和贮存

生乳的运输和贮存应于密闭、洁净、经过消毒的保温奶槽车或符合食品安全要求的容器中，贮存温度为 2~6℃。

巴氏杀菌牦牛乳、灭菌牦牛乳和调制牦牛乳
Pasteurized yak milk, sterilized yak milk and modified yak milk

标 准 号：RHB 802—2012
发布日期：2012-12-31　　　　　　　　　　实施日期：2012-12-31
发布单位：中国乳制品工业协会

前　　言

牦牛乳是我国特有的特种乳资源，其干物质含量高，营养物质丰富，为发挥和有效利用牦牛乳的资源优势，引导和规范牦牛乳产业的健康发展，特制定本行业规范。

本规范按照 GB/T 1.1—2009 的编写规则起草。

本规范由中国乳制品工业协会提出并归口。

本规范由西藏高原之宝牦牛乳业股份有限公司、青海省青海圣湖乳业有限责任公司、四川省若尔盖高原之宝牦牛乳业股份有限公司、青海省高原牧歌乳制品有限责任公司、西藏大学农牧学院起草。

本规范主要起草人：向贵万、杨朝文、余萍、陶生俭、蒋文波。

巴氏杀菌牦牛乳、灭菌牦牛乳和调制牦牛乳

1 范围

本规范规定了巴氏杀菌牦牛乳、灭菌牦牛乳和调制牦牛乳的术语和定义、技术要求、检验方法、生产加工过程的卫生要求及标志、包装、运输和贮存。

本规范适用于全脂、部分脱脂、脱脂的巴氏杀菌牦牛乳、灭菌牦牛乳和调制牦牛乳。

2 规范性引用文件

下列文件对于本规范的应用是必不可少的。凡是注日期的引用文件，仅所注日期的版本适用于本规范。凡是不注日期的引用文件，其最新版本（包括所有的修改单）适用于本规范。

GB/T 191　包装储运图示标志
GB 2760　食品安全国家标准　食品添加剂使用标准
GB 2761　食品安全国家标准　食品中真菌毒素限量
GB 2762　食品中污染物限量
GB 4789.1　食品安全国家标准　食品微生物学检验　总则
GB 4789.2　食品安全国家标准　食品微生物学检验　菌落总数测定
GB 4789.3　食品安全国家标准　食品微生物学检验　大肠菌群计数
GB 4789.4　食品安全国家标准　食品微生物学检验　沙门氏菌检验
GB 4789.10　食品安全国家标准　食品微生物学检验　金黄色葡萄球菌检验
GB 4789.18　食品安全国家标准　食品微生物学检验　乳与乳制品检验
GB/T 4789.26　食品卫生微生物学检验　罐头食品商业无菌的检验
GB 5009.5　食品安全国家标准　食品中蛋白质的测定
GB 5413.3　食品安全国家标准　婴幼儿食品和乳品中脂肪的测定
GB 5413.34　食品安全国家标准　乳和乳制品酸度的测定
GB 5413.39　食品安全国家标准　乳和乳制品中非脂乳固体的测定
GB 7718　食品安全国家标准　预包装食品标签通则
GB 12693　食品安全国家标准　乳制品良好生产规范
GB 14880　食品安全国家标准　食品营养强化剂使用标准
GB 28050　食品安全国家标准　预包装食品营养标签通则
RHB 801　生牦牛乳
JJF 1070　定量包装商品净含量计量检验规则
国家质量监督检验检疫总局令〔2005〕第 75 号《定量包装商品计量监督管理办法》

3 术语和定义

3.1 巴氏杀菌牦牛乳 pasteurized yak milk

以生牦牛乳为原料,全脂或部分脱脂或脱脂,经巴氏杀菌工艺制成的液体产品。

3.2 灭菌牦牛乳 sterilized yak milk

3.2.1 超高温灭菌牦牛乳 ultra high-temperature yak milk

以生牦牛乳为原料,全脂或部分脱脂或脱脂,在连续流动的状态下,加热到至少132℃并保持很短时间的灭菌,再经无菌灌装等工艺制成的液体产品。

3.2.2 保持灭菌牦牛乳 retort sterilized yak milk

以生牦牛乳为原料,全脂或部分脱脂或脱脂,无论是否经过预热处理,在灌装并密封之后经灭菌制成的液体产品。

3.3 调制牦牛乳 modified yak milk

以不低于80%的生牦牛乳或复原牦牛乳为主要原料,全脂或部分脱脂或脱脂,添加其他原料、食品添加剂或营养强化剂,采用适当的杀菌或灭菌等工艺制成的液体产品。

4 技术要求

4.1 原料要求

4.1.1 生牦牛乳:应符合 RHB 801 的规定。

4.1.2 复原牦牛乳:以牦牛乳粉为原料,原产地复原而得。

4.1.3 其他原料:应符合相应的安全标准和/或有关规定。

4.2 感官要求

应符合表1的规定。

表 1 感官要求

项目	要求	检验方法
色泽	呈乳白色或微黄色或调制乳应有的色泽	取适量试样置于50 mL烧杯中,在自然光下观察色泽和组织状态。闻其气味,用温开水漱口,品尝滋味
滋味、气味	具有牦牛乳固有的香味或调制乳应有的香味,无异味	
组织状态	呈均匀一致液体,无凝块、无沉淀、无正常视力可见异物,灭菌牦牛乳可有少量脂肪上浮	

4.3 理化指标

应符合表2的规定。

二、牦牛乳产品标准

表 2 理化指标

项目	指标						检验方法
	巴氏杀菌牦牛乳、灭菌牦牛乳			调制牦牛乳			
	全脂	部分脱脂	脱脂	全脂	部分脱脂	脱脂	
脂肪/（g/100 g）	≥5.0	0.6~4.9	≤0.5	≥4.0	0.5~3.9	≤0.4	GB 5413.3
蛋白质/（g/100 g）≥	3.8			3.1			GB 5009.5
非脂乳固体/（g/100 g）≥	9.0			—			GB 5413.39
酸度/°T	14~18			—			GB 5413.34

4.4 污染物限量
应符合 GB 2762 的规定。

4.5 真菌毒素限量
应符合 GB 2761 的规定。

4.6 微生物限量
4.6.1 采用巴氏杀菌工艺生产的产品应符合表 3 的规定。

表 3 巴氏杀菌产品微生物限量

项目	采样方案[a] 及限量（若非指定，均以 CFU/g 或 CFU/mL 表示）				检验方法
	n	c	m	M	
菌落总数	5	2	10 000	30 000	GB 4789.2
大肠菌群	5	2	1	5	GB 4789.3 平板计数法
金黄色葡萄球菌	5	0	0/25g（mL）	—	GB 4789.10 定性检验
沙门氏菌	5	0	0/25g（mL）	—	GB 4789.4

[a] 样品的分析及处理按 GB 4789.1 和 GB 4789.18 执行。

4.6.2 采用灭菌工艺生产的产品应符合商业无菌的要求，并按 GB/T 4789.26 规定的方法检验。

4.7 食品添加剂和营养强化剂
4.7.1 食品添加剂和营养强化剂的质量应符合相应的安全标准和有关规定。
4.7.2 食品添加剂和营养强化剂的品种、使用范围和使用量应符合 GB 2760 和 GB 14880 的规定。

4.8 净含量及其检验
应符合《定量包装商品计量监督管理办法》的规定，净含量检验按 JJF 1070 的规定执行。

5 生产加工过程的卫生要求
应符合 GB 12693 的规定。

6 标志、包装、运输和贮存

6.1 标志

6.1.1 产品标签标示应符合 GB 7718 和 GB 28050 的规定,外包装标志应符合 GB/T 191 的规定。

6.1.2 巴氏杀菌牦牛乳应在产品包装主要展示面上紧邻产品名称的位置,使用不小于产品名称字号且字体高度不小于主要展示面高度五分之一的汉字标示"鲜牦牛乳/奶"。

6.1.3 灭菌牦牛乳应在产品包装主要展示面上紧邻产品名称的位置,使用不小于产品名称字号且字体高度不小于主要展示面高度五分之一的汉字标示"纯牦牛乳/奶"。

6.1.4 全部用牦牛乳粉生产的产品应在产品名称紧邻部位标明"复原牦牛乳/奶";在生牦牛乳中添加部分牦牛乳粉生产的产品应在产品名称紧邻部位标明"含××%复原牦牛乳/奶"。

注:"××%"是指所添加乳粉占产品中全乳固体的质量分数。

6.1.5 "复原牦牛乳/奶"与产品名称应标识在包装容器的同一主要展示版面;标识的"复原牦牛乳/奶"字样应醒目,其字号不小于产品名称的字号,字体高度不小于主要展示版面高度的五分之一。

6.2 包装

产品应采用符合安全标准的包装材料包装。

6.3 运输和贮存

6.3.1 贮存场所及运输工具应清洁、卫生、干燥,防止日晒、雨淋,不得与有毒、有害、有异味或影响产品质量的物品同库存放或混装运输。

6.3.2 巴氏杀菌产品需要冷藏,运输和贮存的温度为 2~6℃。

6.3.3 保质期

产品保质期由生产企业根据包装材质、工艺条件自行确定。

二、牦牛乳产品标准

发酵牦牛乳
Fermented yak milk

标 准 号：RHB 803—2012
发布日期：2012-12-31　　　　　　　　　实施日期：2012-12-31
发布单位：中国乳制品工业协会

前　　言

牦牛乳是我国特有的特种乳资源，其干物质含量高，营养物质丰富，为发挥和有效利用牦牛乳的资源优势，引导和规范牦牛乳产业的健康发展，特制定本行业规范。

本规范按照 GB/T 1.1—2009 的编写规则起草。

本规范由中国乳制品工业协会提出并归口。

本规范由西藏高原之宝牦牛乳业股份有限公司、青海省青海圣湖乳业有限责任公司、四川省若尔盖高原之宝牦牛乳业股份有限公司、青海省高原牧歌乳制品有限责任公司、西藏大学农牧学院起草。

本规范主要起草人：向贵万、杨朝文、李秀英、余萍、陶生俭、蒋文波。

发酵牦牛乳

1 范围

本规范规定了发酵牦牛乳的术语和定义、技术要求、检验方法、生产加工过程的卫生要求及标志、包装、运输和贮存。

本规范适用于发酵牦牛乳。

2 规范性引用文件

下列文件对于本规范的应用是必不可少的，通过在本规范中引用而构成本规范的条文。注日期的引用文件，仅所注日期版本适用本规范。不注日期的引用文件，其最新版本适用本规范。

GB/T 191　包装储运图示标志
GB 2760　食品安全国家标准　食品添加剂使用标准
GB 2761　食品安全国家标准　食品中真菌毒素限量
GB 2762　食品中污染物限量
GB 4789.1　食品安全国家标准　食品微生物学检验　总则
GB 4789.3　食品安全国家标准　食品微生物学检验　大肠菌群计数
GB 4789.4　食品安全国家标准　食品微生物学检验　沙门氏菌检验
GB 4789.10　食品安全国家标准　食品微生物学检验　金黄色葡萄球菌检验
GB 4789.15　食品安全国家标准　食品微生物学检验　霉菌和酵母计数
GB 4789.18　食品安全国家标准　食品微生物学检验　乳与乳制品检验
GB 4789.35　食品安全国家标准　食品微生物学检验　乳酸菌检验
GB 5009.5　食品安全国家标准　食品中蛋白质的测定
GB 5413.3　食品安全国家标准　婴幼儿食品和乳品中脂肪的测定
GB 5413.34　食品安全国家标准　乳和乳制品酸度的测定
GB 5413.39　食品安全国家标准　乳和乳制品中非脂乳固体的测定
GB 7718　食品安全国家标准　预包装食品标签通则
GB 12693　食品安全国家标准　乳制品良好生产规范
GB 14880　食品安全国家标准　食品营养强化剂使用标准
GB 28050　食品安全国家标准　预包装食品营养标签通则
RHB 801　生牦牛乳
JJF 1070　定量包装商品净含量计量检验规则
国家质量监督检验检疫总局令〔2005〕第75号《定量包装商品计量监督管理办法》

3 术语和定义

3.1 发酵牦牛乳 fermented yak milk

以生牦牛乳或复原牦牛乳为原料,经杀菌、接种发酵剂发酵后制成的 pH 值降低的产品。

3.1.1 酸牦牛乳 yak yoghurt

以生牦牛乳或复原牦牛乳为原料,经杀菌、接种嗜热链球菌和保加利亚乳杆菌(德氏乳杆菌保加利亚亚种)发酵等工艺制成的产品。

3.2 风味发酵牦牛乳 flavored fermented yak milk

以 80%以上生牦牛乳或复原牦牛乳为主要原料,经杀菌、接种发酵剂发酵后 pH 值降低,发酵前或后添加或不添加食品添加剂、营养强化剂、果蔬、谷物等辅料制成的产品。

3.2.1 风味酸牦牛乳 flavored yak yoghurt

以 80%以上生牦牛乳或复原牦牛乳为主要原料,经杀菌、接种嗜热链球菌和保加利亚乳杆菌(德氏乳杆菌保加利亚亚种),发酵前或后添加或不添加食品添加剂、营养强化剂、果蔬、谷物等辅料制成的产品。

4 技术要求

4.1 原料要求

4.1.1 生牦牛乳:应符合 RHB 801 的规定。
4.1.2 复原牦牛乳:以牦牛乳粉为原料,在原产地复原而得。
4.1.3 其他原料:应符合相应的安全标准和(或)有关规定。
4.1.4 发酵菌种:保加利亚乳杆菌(德氏乳杆菌保加利亚亚种)、嗜热链球菌或其他由国务院卫生行政部门批准使用的菌种。

4.2 感官要求

应符合表 1 的规定。

表 1 感官要求

项目	要求		检验方法
	发酵牦牛乳	风味发酵牦牛乳	
色泽	均匀一致,呈乳白色或微黄色	具有与添加成分相符的色泽	取适量试样置于 50 mL 烧杯中,在自然光下观察色泽和组织状态。闻其气味,用温开水漱口,品尝滋味
滋味、气味	具有发酵牦牛乳特有的滋味、气味	具有与添加成分相符的滋味和气味	
组织状态	组织细腻、均匀,允许有少量乳清析出;风味发酵牦牛乳具有添加成分特有的组织状态		

4.3 理化指标

应符合表 2 的规定。

表2 理化指标

项目	指标		检验方法
	发酵牦牛乳	风味发酵牦牛乳	
蛋白质/（g/100 g） ≥	3.8	3.1	GB 5009.5
脂肪/（g/100 g） ≥	5.0	4.0	GB 5413.3
非脂乳固体[a]/（g/100 g） ≥	9.0	—	GB 5413.39
酸度/°T ≥	70.0		GB 5413.34

[a] 非脂乳固体（%）= 100%-脂肪（%）-水分（%）。

4.4 污染物限量

应符合 GB 2762 的规定。

4.5 真菌毒素限量

应符合 GB 2761 的规定。

4.6 微生物限量

应符合表3的规定。

表3 微生物限量

项目	采样方案[a] 及限量（若非指定，均以 CFU/g 或 CFU/mL 表示）				检验方法
	n	c	m	M	
大肠菌群	5	2	1	5	GB 4789.3 平板计数法
金黄色葡萄球菌	5	0	0/25 g（mL）	—	GB 4789.10 定性检验
沙门氏菌	5	0	0/25 g（mL）	—	GB 4789.4
酵母 ≤	100				GB 4789.15
霉菌 ≤	30				

[a] 样品的分析及处理按 GB 4789.1 和 GB 4789.18 执行。

4.7 乳酸菌数

应符合表4的规定。

表4 乳酸菌数

项目	指标/[CFU/g（mL）]	检验方法
乳酸菌数 ≥	1×10^6	GB 4789.35

4.8 食品添加剂和食品营养强化剂

4.8.1 食品添加剂和营养强化剂的质量应符合相应的安全标准和有关规定。

4.8.2 食品添加剂和营养强化剂的品种、使用范围和使用量应符合 GB 2760 和 GB

14880 的规定。

4.9 净含量及其检验

应符合《定量包装商品计量监督管理办法》的规定，净含量检验按 JJF 1070 的规定进行。

5 生产加工过程的卫生要求

应符合 GB 12693 的规定。

6 标志、包装、运输和贮存

6.1 标志

6.1.1 产品标签标示应符合 GB 7718 和 GB 28050 的规定，外包装标志应符合 GB/T 191 的规定。

6.1.2 产品名称应标示为"发酵牦牛乳/奶"或"酸牦牛乳/奶"，"××风味发酵牦牛乳/奶"或"××风味酸牦牛乳/奶"。

6.1.3 全部用牦牛乳粉生产的产品应在产品名称紧邻部位标明"复原牦牛乳/奶"；在生牦牛乳中添加部分牦牛乳粉生产的产品应在产品名称紧邻部位标明"含××%复原牦牛乳/奶"。

注："××%"是指所添加乳粉占产品中全乳固体的质量分数。

6.1.4 "复原牦牛乳/奶"与产品名称应标识在包装容器的同一主要展示版面；标识的"复原牦牛乳/奶"字样应醒目，其字号不小于产品名称的字号，字体高度不小于主要展示版面高度的五分之一。

6.2 包装

产品应采用符合安全标准的包装材料包装。

6.3 运输和贮存

6.3.1 贮存场所及运输工具应清洁、卫生、干燥，防止日晒、雨淋，不得与有毒、有害、有异味或影响产品质量的物品同库存放或混装运输。

6.3.2 产品需要冷藏，运输和贮存的温度为 2~6℃。

6.3.3 保质期

产品保质期由生产企业根据包装材质、工艺条件自行确定。

牦牛乳相关标准与规范

牦牛乳粉
Yak milk powder

标 准 号：RHB 804—2012
发布日期：2012-12-31　　　　　　　　　实施日期：2012-12-31
发布单位：中国乳制品工业协会

前　　言

　　牦牛乳是我国特有的特种乳资源，其干物质含量高，营养物质丰富，为发挥和有效利用牦牛乳的资源优势，引导和规范牦牛乳产业的健康发展，特制定本行业规范。
　　本规范按照 GB/T 1.1—2009 的编写规则起草。
　　本规范由中国乳制品工业协会提出并归口。
　　本规范由西藏高原之宝牦牛乳业股份有限公司、甘肃省甘南燎原乳业有限责任公司、四川省若尔盖高原之宝牦牛乳业股份有限公司、西藏大学农牧学院起草。
　　本规范主要起草人：向贵万、杨朝文、李秀英、彭云、唐延彬。

二、牦牛乳产品标准

牦牛乳粉

1 范围

本规范规定了牦牛乳粉的术语和定义、技术要求、检验方法、生产加工过程的卫生要求及标志、包装、运输和贮存。

本规范适用于全脂、脱脂牦牛乳粉和调制牦牛乳粉。

2 规范性引用文件

下列文件对于本规范的应用是必不可少的。凡是注日期的引用文件，仅所注日期的版本适用于本规范。凡是不注日期的引用文件，其最新版本（包括所有的修改单）适用于本规范。

GB/T 191　包装储运图示标志
GB 2760　食品安全国家标准　食品添加剂使用标准
GB 2761　食品安全国家标准　食品中真菌毒素限量
GB 2762　食品中污染物限量
GB 4789.1　食品安全国家标准　食品微生物学检验　总则
GB 4789.2　食品安全国家标准　食品微生物学检验　菌落总数测定
GB 4789.3　食品安全国家标准　食品微生物学检验　大肠菌群计数
GB 4789.4　食品安全国家标准　食品微生物学检验　沙门氏菌检验
GB 4789.10　食品安全国家标准　食品微生物学检验　金黄色葡萄球菌检验
GB 4789.18　食品安全国家标准　食品微生物学检验　乳与乳制品检验
GB 5009.3　食品安全国家标准　食品中水分的测定
GB 5009.5　食品安全国家标准　食品中蛋白质的测定
GB 5413.3　食品安全国家标准　婴幼儿配方食品和乳品中脂肪的测定
GB 5413.29　食品安全国家标准　乳和乳制品溶解性的测定
GB 5413.30　食品安全国家标准　乳和乳制品杂质度的测定
GB 5413.34　食品安全国家标准　乳和乳制品酸度的测定
GB 7718　食品安全国家标准　预包装食品标签通则
GB 12693　食品安全国家标准　乳制品良好生产规范
GB 14880　食品安全国家标准　食品营养强化剂使用标准
GB 28050　食品安全国家标准　预包装食品营养标签通则
RHB 801　生牦牛乳
JJF 1070　定量包装商品净含量计量检验规则
国家质量监督检验检疫总局令〔2005〕第75号《定量包装商品计量监督管理办法》

3 术语和定义

3.1 牦牛乳粉 yak milk powder
以生牦牛乳为原料,全脂或脱脂,经杀菌、浓缩、干燥等工艺制成的粉状产品。

3.2 调制牦牛乳粉 formulated yak milk powder
以生牦牛乳为主要原料,添加其他原料,添加或不添加食品添加剂和营养强化剂,经杀菌、浓缩、干燥等工艺制成的乳固体含量不低于70%的粉状产品。

4 技术要求

4.1 原料要求
4.1.1 生牦牛乳:应符合 RHB 801 的规定。
4.1.2 其他原料:应符合相应的安全标准和/或有关规定。

4.2 感官要求
应符合表1的规定。

表1 感官要求

项目	要求		检验方法
	牦牛乳粉	调制牦牛乳粉	
色泽	呈均匀一致的乳黄色	具有应有的色泽	取适量试样置于50 mL 烧杯中,在自然光下观察色泽和组织状态,闻其气味,用温开水漱口,品尝滋味
滋味、气味	具有本品特有的香味,无异味	具有应有的滋味、气味	
组织状态	干燥、均匀的粉末,无结块		

4.3 理化要求
应符合表2规定。

表2 理化指标

项目	指标			检验方法
	全脂牦牛乳粉	脱脂牦牛乳粉	调制牦牛乳粉	
脂肪/%	≥30.0	≤1.5	—	GB 5413.3
蛋白质/% ≥	非脂乳固体ᵃ 的38.0		20.0	GB 5009.5
杂质度/(mg/kg) ≤	16		—	GB 5413.30
复原乳酸度/°T	13~18		—	GB 5413.34
不溶度指数/mL ≤	1.0			GB 5413.29
水分/% ≤	5.0			GB 5009.3
ᵃ 非脂乳固体(%)=100%-脂肪(%)-水分(%)。				

4.4 污染物限量
应符合 GB 2762 的规定。

4.5 真菌毒素限量
应符合 GB 2761 的规定。

4.6 微生物限量
应符合表 3 的规定。

表 3 微生物限量

项目	采样方案[a] 及限量（若非指定，均以 CFU/g 表示）				检验方法
	n	c	m	M	
菌落总数[b]	5	2	30 000	100 000	GB 4789.2
大肠菌群	5	1	10	100	GB 4789.3 平板计数法
金黄色葡萄球菌	5	2	10	100	GB 4789.10 定性检验
沙门氏菌	5	0	0/25g	—	GB 4789.4

[a] 样品的分析及处理按 GB 4789.1 和 GB 4789.18 执行。
[b] 不适用于添加活性菌种（好氧或兼性厌氧益生菌）的产品。

4.7 食品添加剂和营养强化剂
4.7.1 食品添加剂和营养强化剂的质量应符合相应的安全标准和有关规定。

4.7.2 食品添加剂和营养强化剂的品种、使用范围和使用量应符合 GB 2760 和 GB 14880 的规定。

4.8 净含量及其检验
应符合《定量包装商品计量监督管理办法》的规定，净含量检验按 JJF 1070 的规定执行。

5 生产加工过程的卫生要求
应符合 GB 12693 的规定。

6 标志、包装、运输和贮存

6.1 标志
产品标签标示应符合 GB 7718 和 GB 28050 的规定，外包装标志应符合 GB/T 191 的规定。

6.2 包装
产品的包装容器与材料应符合相应安全标准和有关规定，可以使用食品级或纯度≥99.9% 的二氧化碳或氮气作为包装介质。

6.3 运输和贮存
6.3.1 贮存场所及运输工具应清洁、卫生、干燥，防止日晒、雨淋，不得与有毒、有害、有异味或影响产品质量的物品同库存放或混装运输。

6.3.2 产品堆放时必须有垫板，与地面距离 10 cm 以上，与墙壁距离 20 cm 以上。

6.3.3 保质期

产品保质期由生产企业根据包装材质、工艺条件自行确定。

二、牦牛乳产品标准

【地方标准】

食品安全地方标准
牦牛生乳

标 准 号：DBS63/0001—2019
发布日期：2020-03-06　　　　　　　　　　　**实施日期**：2020-04-06
发布单位：青海省卫生健康委员会

前　言

　　牦牛生乳是青海省特色的乳品资源，其蛋白质、脂肪等营养物质较其他牛乳含量高，为发挥和有效利用牦牛生乳的资源优势，规范青海省内牦牛生乳产业的健康发展，服务青海特色资源产品开发的需要，特制定该青海省地方标准。

　　本标准遵循《中华人民共和国标准化法》《中华人民共和国食品安全法》《食品安全地方标准管理办法》等法律、法规规定，按照GB/T 1.1《标准化工作导则　第1部分：标准的结构和编写》的要求编制该青海省地方标准。

　　本标准由青海省农业农村厅提出。

　　本标准起草单位：青海省兽药饲料监察所、青海谱测检测有限公司。

　　本标准主要起草人：张茹、王渭清、包温奎、高昆、谢国莲、蔡燕霞、辛瑞晓、孙浩、赵培伟、张亚君、张吉文、吴海伟、李明、殷满财、柳存、俄玛吉。

　　本标准在青海省卫生健康委员会备案后发布并实施。

　　本标准于2020年3月6日首次发布。

牦牛生乳

1 范围

本标准规定了牦牛生乳的术语和定义、技术要求、检验方法、挤乳、运输和贮存。本标准适用于牦牛生乳，不适用于即食生乳。

2 规范性引用文件

下列文件对于本文件的应用是必不可少的。凡是注日期的引用文件，仅注日期的版本适用于本文件。凡是不注日期的引用文件，其最新版本（包括所有的修改单）适用于本文件。

GB 2761　食品安全国家标准　食品中真菌毒素限量

GB 2762　食品安全国家标准　食品中污染物限量

GB 2763　食品安全国家标准　食品中农药最大残留限量

GB 4789.2　食品安全国家标准　食品微生物学检验　菌落总数测定

GB 5009.5　食品安全国家标准　食品中蛋白质的测定

GB 5009.6　食品安全国家标准　食品中脂肪的测定

GB 5413.30　食品安全国家标准　乳和乳制品杂质度的测定

GB 5413.33　食品安全国家标准　生乳相对密度的测定

GB 5413.34　食品安全国家标准　乳和乳制品酸度的测定

GB 5413.38　食品安全国家标准　生乳冰点的测定

GB 5413.39　食品安全国家标准　乳和乳制品中非脂乳固体的测定

3 术语和定义

3.1 牦牛生乳

牦牛（*Bos mutus*）生乳是指青海省境内放牧或养殖的健康牦牛乳房中挤出的无任何成分改变的常乳。产犊后 7 天的初乳、应用抗生素期间和休药期间的乳汁、变质乳不应作牦牛生乳。

4 技术要求

4.1 感官要求

应符合表 1 的要求。

表 1　感官要求

项目	要求	检测方法
色泽	呈乳白色或微黄色	取适量试样置于 50 mL 洁净的烧杯中，在自然光下用肉眼观察色泽、组织状态，嗅其气味、尝其滋味
滋气味	具有牦牛乳固有的香味，无异味	
组织状态	呈均匀一致液体，无凝块、无沉淀	
杂质	无肉眼可见的外来杂质	

4.2 理化指标

应符合表2的规定。

表2 理化指标

项目	指标	检测方法
蛋白质/（g/100 g）	≥3.8	GB 5009.5
脂肪/（g/100 g）	≥5.0	GB 5009.6
非脂乳固体/（g/100 g）	≥10.0	GB 5413.39
相对密度/（20℃/4℃）	≥1.028	GB 5413.33
酸度/°T	14~18	GB 5413.34
杂质度/（mg/kg）	≤4.0	GB 5413.30
冰点/℃	−0.560~−0.500	GB 5413.38

4.3 微生物指标

应符合表3的规定。

表3 微生物指标

项目	限量/[CFU/g（mL）]	检测方法
菌落总数	2×10^{6}	GB 4789.2

4.4 污染物限量

应符合GB 2762的规定。

4.5 真菌毒素限量

应符合GB 2761的规定。

4.6 农药残留限量和兽药残留限量

4.6.1 农药残留限量应符合GB 2763及国家有关规定。

4.6.2 兽药残留限量应符合国家有关规定和公告。

5 挤乳、运输和贮存

5.1 挤乳

挤乳场所应整洁、干净，挤乳前应用温水洗乳房，盛乳的器皿应清洗消毒并有防蝇防尘设施。

5.2 运输和贮存

牦牛生乳的运输和贮存应于密闭、洁净、经过消毒的保温奶槽车或符合食品安全要求的容器中运输，贮存温度为1~5℃。

牦牛乳相关标准与规范

食品安全地方标准
灭菌牦牛乳

标准号：DBS63/0007—2021
发布日期：2021-03-22　　　　　　　　　实施日期：2021-06-21
发布单位：青海省卫生健康委员会

前　　言

本标准遵循《中华人民共和国标准化法》《中华人民共和国食品安全法》《青海省食品安全地方标准管理办法》等法律、法规和有关国家标准规定，按照 GB/T 1.1《标准化工作导则　第1部分：标准化文件的结构和起草规则》的要求制定青海省食品安全地方标准。

本标准参考了国家标准 GB 25190《食品安全国家标准　灭菌乳》。

本标准由青海省农业农村厅提出。

本标准起草单位：青海省畜牧总站，青海省奶业协会。

本标准主要起草人：张亚君、刘晶、石凡涛、李沛、郭继军、许威、张沛、付弘赟、赵鸿鑫、袁桂英、王芳、安梨红、张茹、蒋晨阳、林德清、张秉璇。

本标准在青海省卫生健康委员会备案后发布并实施。

本标准于2021年3月22日首次发布。

二、牦牛乳产品标准

灭菌牦牛乳

1 范围

本标准规定了灭菌牦牛乳的术语和定义、技术要求、生产加工过程的卫生要求、检验方法、检验规则、标签、标志、包装、运输、贮存和保质期。

本标准适用于以牦牛生乳为原料的全脂灭菌乳。

2 规范性引用文件

下列文件中的内容通过文中的规范性引用而构成本文件必不可少的条款。其中，注日期的引用文件，仅该日期对应的版本适用于本文件；不注日期的引用文件，其最新版本（包括所有的修改单）适用于本文件。

GB/T 191　包装储运图示标志
GB 2761　食品安全国家标准　食品中真菌毒素限量
GB 2762　食品安全国家标准　食品中污染物限量
GB 4789.26　食品安全国家标准　食品微生物学检验商业无菌检验
GB 5009.5　食品安全国家标准　食品中蛋白质的测定
GB 5009.6　食品安全国家标准　食品中脂肪的测定
GB 5009.11　食品安全国家标准　食品中总砷及无机砷的测定
GB 5009.12　食品安全国家标准　食品中铅的测定
GB 5009.17　食品安全国家标准　食品中总汞及有机汞的测定
GB 5009.92　食品安全国家标准　食品中钙的测定
GB 5009.123　食品安全国家标准　食品中铬的测定
GB 5009.239　食品安全国家标准　食品酸度的测定
GB 5413.5　食品安全国家标准　婴幼儿食品和乳品中乳糖、蔗糖的测定
GB 5413.39　食品安全国家标准　乳和乳制品中非脂乳固体的测定
GB 7718　食品安全国家标准　预包装食品标签通则
GB 12693　食品安全国家标准　乳制品良好生产规范
GB 28050　食品安全国家标准　预包装食品营养标签通则
NV/T 1671　乳及乳制品中共轭亚油酸（CLA）含量测定气相色谱法
DBS63/0001—2019　青海食品安全地方标准　牦牛生乳

3 术语和定义

3.1 超高温灭菌牦牛乳　ultra high-temperature yak milk

以牦牛生乳为原料，不添加复原乳，在连续流动的状态下，加热到至少132℃并保持瞬时灭菌，再经无菌灌装等工序制成的牦牛乳液体产品。

3.2 保持灭菌牦牛乳　retort sterilized yak milk

以牦牛生乳为原料，不添加复原乳，无论是否经过预热处理，在灌装和密封之后经

灭菌等工序制成的液体产品。

4 技术要求

4.1 原料要求
牦牛生乳应符合 DBS63/0001—2019 的规定。

4.2 感官要求
应符合表1的要求。

表 1 感官要求

项目	要求	检测方法
色泽	呈乳白色或微黄色	取适量试样置于 50 mL 洁净的烧杯中，在自然光下用肉眼观察色泽、组织状态，嗅其气味、尝其滋味
滋味、气味	具有牦牛乳固有的香味，无异味	
组织状态	呈均匀一致液体，无凝块、无沉淀	
杂质	无肉眼可见的外来杂质	

4.3 理化指标
应符合表2的规定。

表 2 理化指标

项目	指标	检测方法
蛋白质/（g/100 g） ≥	3.8	GB 5009.5
脂肪/（g/100 g） ≥	4.5	GB 5009.6
共轭亚油酸/（mg/kg） ≥	400	NY/T 1671
非脂乳固体/（g/100 g） ≥	9.0	GB 5413.39
乳糖/（g/100 g） ≥	3.0	GB 5413.5
钙/（mg/kg） ≥	1 200	GB 5009.92
酸度/°T	12~18	GB 5009.239

4.4 污染物限量
应符合表3的规定。

表 3 污染物指标

项目	指标	检测方法
铅/（mg/kg） ＜	0.05	GB 5009.12
汞/（mg/kg） ＜	0.01	GB 5009.17
铬/（mg/kg） ＜	0.3	CB 5009.123
砷/（mg/kg） ＜	0.1	GB 5009.11

4.5 微生物指标

应符合商业无菌的要求，按 GB/T 4789.26 规定的方法。

4.6 真菌毒素限量

应符合 GB 2761 的规定。

5 生产加工过程的卫生要求

应符合 GB 12693 的规定。

6 检验规则

6.1 组批

以同一原料，同一班次，同一工艺配方，同一生产线生产的同品种、同规格，包装完好的产品为一组批。

6.2 抽样方法及数量

每批产品按生产批次及数量比例随机抽样，抽样数量应满足检验要求。

6.3 出厂检验

每批产品出厂时，应对感官要求和净含量中的项目进行检测。

6.4 型式检验

本标准技术要求中规定的所有项目均为型式检验项目，每年至少进行一次，或当出现下列情况之一时进行检验：
——原辅料供应商有变化时；
——更换设备，工艺发生较大变化时；
——停产 2 个月后重新恢复生产时；
——国家食品安全监管机构提出要求检验时。

6.5 判定规则

6.5.1 全部项目检验结果符合本标准规定时，判定该批产品合格。

6.5.2 若微生物检验结果不符合本标准规定时，判该批产品不合格，不得复检；除微生物项目外，其他项目不符合本标准时，允许按相关规定进行复检。复检结果全部符合本标准要求时，该批产品判为合格。如果复检结果仍有不符合本标准规定，则判定该批产品为不合格。

7 标签、标志、包装、运输、贮存和保质期

7.1 标签和标志

7.1.1 产品标签应符合 GB 7718 和 GB 28050 的规定。

7.1.2 产品外包装储运图示标志应符合 GB/T 191 的规定。

7.1.3 应根据灭菌方式在产品包装上标注"超高温灭菌牦牛乳/奶"或"保持灭菌牦牛乳/奶"。

7.1.4 应在产品包装主要展示面上紧邻产品名称的位置，使用不小于产品名称字号且字体高度不小于主要展示面高度五分之一的汉字标注"纯牦牛奶"或"纯牦牛乳"。

7.2 包装

7.2.1 包装材料或容器应符合国家有关食品安全标准及有关规定。

7.2.2 净含量按国家有关规定执行。
7.3 运输
7.3.1 运输工具应清洁、卫生、干燥、无异味、无污染。
7.3.2 运输过程中应防止挤压、防晒、防雨、防潮，不得与有毒、有害、有异味、有腐蚀性或影响产品质量的物品混装运输。
7.4 贮存
7.4.1 贮存场地应清洁、卫生、阴凉、干燥、通风。
7.4.2 产品堆码应离地、离墙，不得与有毒、有害、有异味、易挥发、易腐蚀等物品同库存放。
7.5 保质期
产品保质期在常温密闭条件下贮存不得超过 6 个月。

二、牦牛乳产品标准

地理标志产品　甘南牦牛奶粉
Product of geographical indication-Gannan Yak milk powder

标 准 号：DB62/T 4190—2020
发布日期：2020-07-24　　　　　　　　　实施日期：2020-08-15
发布单位：甘肃省市场监督管理局

前　　言

本标准根据 GB/T 1.1—2009 和 GB/T 17924—2008 给出的规则起草。

本标准由甘肃省知识产权局提出并监督实施。

本标准由甘肃省地理标志产品保护标准化技术委员会（GS/TC19）归口。

本标准主要起草单位：甘肃省产品质量监督检验研究院、燎原乳业股份有限公司、甘南州市场监督管理局、合作市市场监督管理局、甘南藏族自治州质量技术监督检测所、甘肃省食品检验研究院。

本标准主要起草人：马鹏举、王湘竹、秦虹、刘瑛、张轶轩、刘巧英、顾春华、王承荣、李顺成、董云青、王静。

牦牛乳相关标准与规范

地理标志产品 甘南牦牛奶粉

1 范围

本标准规定了地理标志产品甘南牦牛奶粉的术语和定义、地理标志产品保护范围、技术要求、试验方法、检验规则、标志、包装、运输及贮存。

本标准适用于原国家质量监督检验检疫行政主管部门根据《地理标志产品保护规定》批准保护的地理标志产品甘南牦牛奶粉（2017年第98号）。

2 规范性引用文件

下列文件对于本文件的应用是必不可少的。凡是注日期的引用文件，仅注日期的版本适用于本文件。凡是不注日期的引用文件，其最新版本（包括所有的修改单）适用于本文件。

GB/T 191　包装储运图示标志
GB 2761　食品安全国家标准　食品中真菌毒素限量
GB 2762　食品安全国家标准　食品中污染物限量
GB 5009.3　食品安全国家标准　食品中水分的测定
GB 5009.5　食品安全国家标准　食品中蛋白质的测定
GB 5009.6　食品安全国家标准　食品中脂肪的测定
GB 5009.14　食品安全国家标准　食品中锌的测定
GB 5009.92　食品安全国家标准　食品中钙的测定
GB 5009.87　食品安全国家标准　食品中磷的测定
GB 5009.239　食品安全国家标准　食品酸度的测定
GB 5009.268　食品安全国家标准　食品中多元素的测定
GB 5413.29　食品安全国家标准　婴幼儿食品和乳品溶解性的测定
GB 5413.30　食品安全国家标准　乳和乳制品杂质度的测定
GB 7718　食品安全国家标准　预包装食品标签通则
GB 12693　食品安全国家标准　乳制品良好生产规范
GB/T 17924　地理标志产品标准通用要求
GB 28050　食品安全国家标准　预包装食品营养标签通则
GB 29921　食品安全国家标准　食品中致病菌限量
GB 31650　食品安全国家标准　食品中兽药最大残留限量
RHB 801　生牦牛乳
RHB 804　牦牛乳粉
JJF 1070　定量包装商品净含量计量检验规则
《定量包装商品计量监督管理办法》 国家质量监督检验检疫总局〔2005〕第75号

《食品标识管理规定》　　原国家质量监督检验检疫总局〔2009〕第123号
《地理标志专用标志使用管理办法》　　国家知识产权局公告〔2020〕第354号

3　术语和定义

下列术语和定义适用于本文件。

3.1　甘南牦牛奶粉

在规定的保护范围内按本标准生产工艺而制成的甘南牦牛奶粉。

4　地理标志产品保护范围

甘南牦牛奶粉地理标志产品保护范围限于国家质量监督检验检疫行政主管部门根据《地理标志产品保护规定》批准保护的甘肃省甘南藏族自治州现辖行政区域。见附录A。

5　技术要求

5.1　奶源牛要求

甘南牦牛（地方类群）。

5.2　奶源产地条件

海拔3 000 m以上，以黄河、长江上游水系的"三河一江"（黄河、洮河、大夏河、白龙江）为主要水源的天然草场（以含有冬虫夏草、雪莲、红景天等植物为宜）为放牧地。

5.3　饲养方式

放牧饲养。

5.4　生产工艺流程

鲜奶验收→计量→过滤→降温储存→预热→净乳→巴氏杀菌→熟奶降温储存→蒸发器预热→高温杀菌→蒸发浓缩→浓奶储存→浓奶过滤→喷雾干燥→流化床二次干燥→振动筛筛粉→粉仓储存→包装→待检库储存→成品检验→入库。

5.5　关键工艺要求

5.5.1　原奶采集

5.5.1.1　人工挤奶：早上6:00—8:00进行人工挤奶。

5.5.1.2　检验：抗生素、碱、新鲜度检验。

　　a) 抗生素：应符合GB 31650的规定；

　　b) 碱：不得检出；

　　c) 新鲜度：应新鲜。

5.5.1.3　过滤：将生牦牛奶倒入过滤筒进行双层过滤处理，滤除杂质。

5.5.1.4　贮运：通过冷却罐降温至2~4℃并密封装车运至加工场地。

5.5.2　原奶接收

生牦牛乳应符合RHB 801的规定，储存温度为4~8℃，储存时间≤12 h。

5.5.3　原奶巴氏杀菌

杀菌温度为85℃±1℃，时间为15 s。冷却至0~4℃，贮存温度0~4℃，贮存时间≤8 h。

5.5.4 真空浓缩

5.5.4.1 预杀菌：选用高温短时间杀菌，89~92℃，时间为36 s。

5.5.4.2 三效降膜蒸发和高压喷雾浓缩：浓缩乳质量分数为42%~50%。

5.5.5 喷雾干燥

采用高温喷雾干燥，入口温度140~160℃，出口温度60~65℃。

6 质量要求

6.1 感官要求

应符合表1规定。

表1 感官要求

项目	要求
色泽	呈均匀一致的乳黄色
滋味、气味	具有牦牛奶粉特有的乳香味，无异味
组织状态	干燥均匀的粉末，无结块

6.2 理化指标

应符合表2规定。

表2 理化指标

项目		指标
水分/（g/100 g）	≤	5.0
蛋白质/（g/100 g）	≥	24.0
脂肪/（g/100 g）	≥	30.0
钙/（mg/100 g）	>	800
磷/（mg/100 g）	>	500
锌/（mg/100 g）	>	3.0
复原乳酸度/°T		13~18
不溶度指数/MI	≤	1.0
杂质度/（mg/kg）	≤	16

6.3 净含量

应符合《定量包装商品计量监督管理办法》。

6.4 安全要求

应符合 GB 2761、GB 2762、RHB 804、GB 29921 的规定。

7 食品生产加工过程中的卫生要求

应符合 GB 12693 的规定。

8 检验方法

8.1 感官
将试样置于洁净的白瓷盘中，在自然光下观察色泽和组织状态。嗅其气味，用温开水漱口，品尝滋味。

8.2 水分
按 GB 5009.3 的规定执行。

8.3 蛋白质
按 GB 5009.5 的规定执行。

8.4 脂肪
按 GB 5009.6 的规定执行。

8.5 钙
按 GB 5009.92 或 GB 5009.268 的规定执行。

8.6 磷
按 GB 5009.87 或 GB 5009.268 的规定执行。

8.7 锌
按 GB 5009.14 或 GB 5009.268 的规定执行。

8.8 复原乳酸度
按 GB 5009.239 的规定执行。

8.9 不溶度指数
按 GB 5413.29 的规定执行。

8.10 杂质度
按 GB 5413.30 的规定执行。

8.11 净含量
按 JJF 1070 的规定执行。

8.12 安全要求

8.12.1 污染物
按 GB 2762 的规定执行。

8.12.2 真菌毒素
按 GB 2761 的规定执行。

8.12.3 微生物
按 RHB 804 的规定执行。

8.12.4 致病菌限量
按 GB 29921 的规定执行。

9 检验规则

9.1 组批
以同一品种的原料、同一次投料、同一工艺所生产的同一规格产品为一批。

9.2 抽样
从同一批次的产品中随机抽取检验用样品和备用样品，抽样基数不得少于 200 个最小包装。抽样数量不少于20个最小包装（总净含量不少于3 000 g），15个包装用于检验，5个包装用于备样。

9.3 出厂检验

9.3.1 产品出厂前须经本厂检验部门检验合格并签发合格证（或成品放行单）后方可出厂。

9.3.2 出厂检验项目为净含量、感官、水分、蛋白质、脂肪、复原乳酸度、不溶度指数、杂质度、菌落总数、大肠菌群。

9.4 型式检验

9.4.1 检验情况

在正常生产时，每12个月进行一次。有下列情况之一时亦应进行：
a) 新产品投入生产时；
b) 停产6个月以上恢复生产时；
c) 生产主要设备或关键工艺发生变化时；
d) 质量监督机构提出要求时。

9.4.2 型式检验

按本标准第6部分中6.1~6.4规定的全部项目进行检验。

9.5 判定规则

9.5.1 检验项目全部合格，判该批产品合格。

9.5.2 检验项目如有不合格项（微生物除外），应加倍抽样复检。复检如仍不合格，则判该批产品为不合格。

9.5.3 微生物项目有一项不合格，则判该批产品不合格，不得复检。

10 标志、包装、运输及贮存

10.1 标志

10.1.1 产品标签应符合 GB 7718、GB/T 17924 及《食品标识管理规定》的规定。产品营养标签应符合 GB 28050 的规定。外包装箱标志应符合 GB/T 191 的规定。

10.1.2 获得批准的企业，地理标志使用按《地理标志专用标志使用管理办法》执行。

10.2 包装

10.2.1 内包装材料应符合国家食品包装材料相关安全标准，可以使用食品级或纯度≥99.9%的二氧化碳和（或）氮气作为包装介质，封口严密，包装牢固。

10.2.2 外包装应使用合格的包装材料，并符合相应的标准。

10.3 运输

10.3.1 运输工具必须保持清洁、卫生、干燥，有防尘、防雨设施，严禁与有毒、有害、有腐蚀性、易挥发或有异味的物品混贮、混运。

10.3.2 搬运时应轻拿轻放，严禁扔摔、撞击、挤压。

10.3.3 在运输过程中，必须防止暴晒、雨淋、受潮。

10.4 贮存

产品离地、离墙，应贮存在阴凉、干燥、通风的库房中，并有防蝇、防鼠、防尘设施。不得与有毒、有害、有腐蚀性、易挥发或有异味的物品同库贮存。严禁露天堆放、日晒、雨淋。
10.5 保质期
在符合本标准规定的贮运条件下，使用了食品级或纯度≥99.9%的二氧化碳和（或）氮气作为包装介质的，产品自生产之日起保质期为24个月；不使用食品级或纯度≥99.9%的二氧化碳和（或）氮气作为包装介质的，产品自生产之日起保质期为18个月。

附录 A
（规范性附录）
甘肃省甘南牦牛奶粉地理标志产品保护范围

A.1 产品保护范围

甘南牦牛奶粉地理标志产品保护范围限于原国家质量监督检验检疫行政主管部门根据《地理标志产品保护规定》批准保护的甘肃省甘南藏族自治州现辖行政区域。

A.2 产品范围示意图

甘肃省甘南牦牛奶粉地理标志产品甘南牦牛奶粉保护范围见原标准图 A.1。

二、牦牛乳产品标准

食品安全地方标准　牦牛奶酪

标　准　号：DBS63/0008—2021
发布日期：2021-03-22　　　　　　　　　实施日期：2021-06-21
发布单位：青海省卫生健康委员会

前　　言

　　本标准遵循《中华人民共和国标准化法》《中华人民共和国食品安全法》《青海省食品安全地方标准管理办法》等法律、法规规定，按照 GB/T 1.1《标准化工作导则 第 1 部分：标准化文件的的结构和起草规则》的要求编制。
　　本标准由青海高原牧歌乳制品有限责任公司提出。
　　本标准起草单位：青海高原牧歌乳制品有限责任公司。
　　本标准主要起草人：王茜、贾彩惠、金乐、高昆、金青龙、李希、刘海棠、王健斌、李婧、李静娅、赵静宣、王文凯。
　　本标准在青海省卫生健康委员会备案后发布并实施。
　　本标准于 2021 年 3 月 22 日首次发布。

牦牛乳相关标准与规范

食品安全地方标准 牦牛奶酪

1 范围

本标准规定了牦牛奶酪的术语和定义、技术要求、生产加工过程卫生要求、检验方法、检验规则、标志、包装和贮运。

本标准适用于以牦牛生乳为原料，经杀菌、凝乳、乳清分离、发酵加工制成的成熟牦牛奶酪产品。

2 规范性引用文件

下列文件对于本文件的应用是必不可少的。凡是注日期的引用文件，仅注日期的版本适用于本文件。凡是不注日期的引用文件，其最新版本（包括所有的修改单）适用于本文件。

GB 2761 食品安全国家标准 食品中真菌毒素限量

GB 2762 食品安全国家标准 食品中污染物限量

GB 2763 食品安全国家标准 食品中农药最大残留限量

GB 4789.3 食品安全国家标准 食品微生物学检验 大肠菌群计数

GB 4789.4 食品安全国家标准 食品微生物学检验 沙门氏菌检验

GB 4789.10 食品安全国家标准 食品微生物学检验 金黄色葡萄球菌检验

GB 4789.30 食品安全国家标准 食品微生物学检验 单核细胞增生李斯特氏菌检验

GB 5009.3 食品安全国家标准 食品中水分的测定

GB 5009.5 食品安全国家标准 食品中蛋白质的测定

GB 5009.6 食品安全国家标准 食品中脂肪的测定

GB 5009.24 食品安全国家标准 食品中黄曲霉毒素 M 族的测定

GB 7718 食品安全国家标准 预包装食品标签通则

GB 12693 食品安全国家标准 乳制品良好生产规范

GB 28050 食品安全国家标准 预包装食品营养标签通则

GB/T 191 包装储运图示标志

GB/T 28118 食品包装用塑料和铝箔复合膜、袋

DBS63/0001—2019 食品安全地方标准 牦牛生乳

JJF1070 定量包装商品净含量计量检验规则

国家质量监督检验检疫总局令〔2005〕第 75 号 定量包装商品计量监督管理办法

3 术语和定义

牦牛奶酪（bos grunniens）指以牦牛生乳为原料，经杀菌、凝乳、乳清分离、发酵加工制成，不能马上使（食）用，应在一定温度下储存一定时间，以通过生化和物理变化后得到的可食牦牛奶酪。

4 技术要求

4.1 原料要求
牦牛生乳应符合 DBS63/0001 的规定。

4.2 感官要求
应符合表 1 的要求。

表 1 感官要求

项目	要求	检测方法
色泽	乳黄色	取适量试样置于洁净烧杯中,在自然光下用肉眼观察色泽和组织状态。嗅其气味,尝其滋味
滋味、气味	具有正常的乳香味,滋味纯正,无异味	
组织状态	组织细腻,质地均匀	

4.3 理化指标
应符合表 2 的规定。

表 2 理化指标

项目	指标	检测方法
蛋白质/(g/100 g)	≥20.0	GB 5009.5
脂肪(干物质中)[a] (X_1)/%	$11.0 \leq X_1 < 45.0$	GB 5009.6
铅(以 Pb 计)/(mg/kg)	≤0.3	GB 5009.12
黄曲霉毒素 M_1/(μg/kg)	≤0.5	GB 5009.24

注:[a] 干物质中脂肪含量(%)=[牦牛奶酪脂肪质量/(牦牛奶酪总质量−牦牛奶酪水分质量)]×100。

4.4 微生物指标
应符合表 3 的规定。

表 3 微生物指标

项目	采样方案及限量				检验方法
	n	c	m	M	
大肠菌群/(CFU/g)	5	2	100	1 000	GB 4789.3
沙门氏菌(/25 g)	5	0	0/25 g	—	GB 4789.4
金黄色葡萄球菌/(CFU/g)	5	2	100	1 000	GB 4789.10 平板计数法
单核细胞增生李斯特氏菌(/25 g)	5	0	0/25 g	—	GB 4789.30

4.5 净含量
应符合国家质量监督检验检疫总局令〔2005〕第 75 号《定量包装商品计量监督管

理办法》的规定，检验方法按 JJF1070 规定的方法测定。

5 生产加工过程卫生要求

应符合 GB 12693 的规定。

6 检验规则

6.1 组批

以同一班次、同一生产线、同一品种的产品为一批。

6.2 抽样方法和抽样量

以同一批加工的随机抽样，抽样量为 2 000 g，样品分成两份，一份检验，一份复验或备查。

6.3 检验

6.3.1 出厂检验

产品应逐批检验，合格后方能出厂。出厂检验项目为感官要求、净含量、理化指标中的蛋白质、微生物指标中的大肠菌群。

6.3.2 型式检验

正常生产时应每 6 个月进行 1 次，在有下列情况之一时亦应随时进行：

a) 新产品投产时；
b) 正式生产后，原料、工艺、设备有较大变化时；
c) 停产 6 个月以上，恢复生产时；
d) 出厂检验结果与上次型式检验有较大差异时；
e) 国家市场监管部门提出型式检验要求时。

6.4 判定

检验结果全部符合本标准要求的，判该批产品为合格；检验结果中有任何一项不符合本标准规定要求的，使用备检样品对不合格项进行复检，如复检仍不合格，则判定为不合格产品。微生物指标不合格的不予复检，判定为不合格产品。

7 标志、包装和贮运

7.1 标志

产品标签的标示内容应符合 GB 7718 和 GB 28050 的规定；包装贮存标志应符合 GB/T 191 规定。

7.2 包装

包装要能保护牦牛奶酪的品质，便于装卸、仓储和运输。
包装袋应符合 GB/T 28118 的规定。

7.3 运输

运输工具应清洁、无异味、无污染。运输时应防雨防潮，严禁与有毒、有害、有异味、易污染的物品混装混运，搬运时应轻拿轻放，不得抛摔。运输温度≤35℃、湿度≤50%为宜。

7.4 贮存

产品应贮存在阴凉、通风、干燥的库房内，不得与有毒、有害、有异味、易挥发、

二、牦牛乳产品标准

易腐蚀的物品同处存放。产品码放应离地面 10 cm 以上,离墙壁 20 cm 以上。贮存温度在 1~5℃、湿度≤50% 为宜。

食品安全地方标准　固态牦牛乳制品

标　准　号：DBS63/0001—2022
发布日期：2022-02-23　　　　　　　　　实施日期：2022-05-23
发布单位：青海省卫生健康委员会

前　言

本标准遵循《中华人民共和国标准化法》《中华人民共和国食品安全法》《青海省食品安全地方标准管理办法》等法律、法规规定，按照 GB/T 1.1《标准化工作导则 第1部分：标准化文件的的结构和起草规则》的要求编制。

本标准由青海省食品检验检测院、青海旭美食品有限公司提出。

本标准起草单位：青海省食品检验检测院、青海旭美食品有限公司。

本标准主要起草人：沈丽、余卫、侯海洋、何向军、王红、丽牧、李翠君、宋宇杰、卨昆、孔新月、李宜霏、蔡林森、严倩云、李明、贾利蕊。

本标准在青海省卫生健康委员会备案后发布并实施。

本标准于 2022 年 5 月 23 日首次发布。

食品安全地方标准
固态牦牛乳制品

1 范围

本标准规定了固态牦牛乳制品的术语和定义、技术要求、生产加工过程卫生要求、检验方法、检验规则、标志、包装、贮运和保质期。

本标准适用于以青海省牦牛生乳为原料，白砂糖、植脂末、麦芽糊精、食用淀粉为辅料，经配料、混合、成型、干燥、灭菌加工制成的固态牦牛乳制品产品。

2 规范性引用文件

下列文件对于本文件的应用是必不可少的。凡是注日期的引用文件，仅注日期的版本适用于本文件。凡是不注日期的引用文件，其最新版本（包括所有的修改单）适用于本文件。

GB 317　白砂糖

GB 2760　食品安全国家标准　食品添加剂使用标准

GB 2761　食品安全国家标准　食品中真菌毒素限量

GB 2762　食品安全国家标准　食品中污染物限量

GB 2763　食品安全国家标准　食品中农药最大残留限量

GB 4789.1　食品安全国家标准　食品微生物学检验　食品微生物学检验总则

GB 4789.2　食品安全国家标准　食品微生物学检验　菌落总数测定

GB 4789.3　食品安全国家标准　食品微生物学检验　大肠菌群计数

GB 4789.4　食品安全国家标准　食品微生物学检验　沙门氏菌检验

GB 4789.10　食品安全国家标准　食品微生物学检验　金黄色葡萄球菌检验

GB 4789.18　食品安全国家标准　食品微生物学检验　乳与乳制品检验

GB 5009.3　食品安全国家标准　食品中水分的测定

GB 5009.4　食品安全国家标准　食品中灰分的测定

GB 5009.5　食品安全国家标准　食品中蛋白质的测定

GB 5009.6　食品安全国家标准　食品中脂肪的测定

GB 5009.12　食品安全国家标准　食品中铅的测定

GB 5009.17　食品安全国家标准　食品中总汞及有机汞的测定

GB 5009.24　食品安全国家标准　食品中黄曲霉毒素 M 族的测定

GB 5009.123　食品安全国家标准　食品中铬的测定

GB 7718　食品安全国家标准　预包装食品标签通则

GB 12693　食品安全国家标准　乳制品良好生产规范

GB 28050　食品安全国家标准　预包装食品营养标签通则

GB 31637　食品安全国家标准　食用淀粉

GB/T 191　包装储运图示标志
GB/T 20884　麦芽糊精
GB/T 28118　食品包装用塑料和铝箔复合膜、袋
DBS63/0001　食品安全地方标准　牦牛生乳
QB/T 4791　植脂末
JJF1070　定量包装商品净含量计量检验规则
国家质量监督检验检疫总局令〔2005〕第75号　定量包装商品计量监督管理办法

3　术语和定义

固态牦牛乳制品：以青海省牦牛生乳为原料，白砂糖、植脂末为辅料，经配料、混合、成型、干燥、灭菌加工制成的固态牦牛乳制品产品。

4　技术要求

4.1　原料要求

牦牛生乳应符合 DBS63/0001—2019 的规定；
白砂糖应符合 GB 317 的规定；
食用淀粉应符合 GB 31637 的规定；
麦芽糊精应符合 GB/T 20884 的规定；
植脂末应符合 QB/T 4791 的规定。

4.2　感官要求

应符合表1的要求。

表1　感官要求

项目	要求	检测方法
色泽	具有该类产品正常色泽	取适量试样置于 50 mL 洁净的烧杯中，在自然光下用肉眼观察色泽、组织状态，嗅其气味、尝其滋味
滋气味	具有牦牛乳固有的香味和滋味，无异味	
组织状态	质地均匀，组织细腻，具有该类产品应有的硬度	

4.3　理化指标

应符合表2的规定。

表2　理化指标

项目	指标	检测方法
水分/（g/100 g）	≤10.0	GB 5009.3
蛋白质/（g/100 g）	≥6.0	GB 5009.5
脂肪（干物质中）^{a}（X_1）/%	$X_1 \geq 10.0$	GB 5009.6
灰分/%	≤4.5	GB 5009.4
黄曲霉毒素 M_1/（μg/kg）	≤0.5	GB 5009.24

二、牦牛乳产品标准

(续表)

项目	指标	检测方法
铅（以 Pb 计）/（mg/kg）	≤0.3	GB 5009.12
汞（以 Hg 计）/（mg/kg）	≤0.01	GB 5009.17
铬（以 Cr 计）/（mg/kg）	≤0.3	GB 5009.123

注：[a] 干物质中脂肪含量（%）=［固态牦牛乳制品脂肪质量/（总质量-水分质量）］×100。

4.4 微生物指标

应符合表3的规定。

表3 微生物指标

项目	采样方案及限量				检验方法
	n	c	m	M	
菌落总数[a]/（CFU/g）	5	2	5×10^4	2×10^5	GB 4789.2
大肠菌群/（CFU/g）	5	2	10	100	GB 4789.3 平板计数法
沙门氏菌（/25g）	5	0	/25g	—	GB 4789.4
金黄色葡萄球菌/（CFU/g）	5	2	10	100	GB 4789.10 平板计数法

注：样品的分析及处理按 GB 4789.1 和 GB 4789.18 执行；
[a] 不适用于添加活性菌种（好氧和兼性厌氧益生菌）的产品，添加活性益生菌的产品其活性益生菌数应≥10^6 CFU/g。

4.5 净含量

应符合国家质量监督检验检疫总局令〔2005〕第75号《定量包装商品计量监督管理办法》的规定，检验方法按 JJF1070 规定的方法测定。

4.6 食品添加剂

食品添加剂的使用应符合 GB 2760 的规定，其质量应符合相应标准的规定。

5 生产加工过程卫生要求

应符合 GB 12693 的规定。

6 检验规则

6.1 组批

以同一班次、同一生产线、同一品种的产品为一批。

6.2 抽样方法和数量

以同一批加工的随机抽样，抽样量为 2 000 g，样品分成两份，一份检验，一份复验或备查。

6.3 检验

6.3.1 出厂检验

产品应逐批检验，合格后方能出厂。出厂检验项目为感官要求，净含量，理化指标中的水分、蛋白质、脂肪，微生物指标中的菌落总数、大肠菌群。

6.3.2 型式检验

正常生产时应每 6 个月进行 1 次，在有下列情况之一时亦应随时进行：

a) 新产品投产时；

b) 正式生产后，原料、工艺、设备有较大变化时；

c) 停产 6 个月以上，恢复生产时；

d) 出厂检验结果与上次型式检验有较大差异时；

e) 国家市场监管部门提出型式检验要求时。

6.4 判定

检验结果全部符合本标准要求的，判该批产品为合格；检验结果中有任何一项不符合本标准规定要求的，使用备检样品对不合格项进行复验，如复检仍不合格，则判定为不合格产品。微生物指标不合格的不予复检，判定为不合格产品。

7 标志、包装和贮运

7.1 标志

产品标签的标示内容应符合 GB 7718 和 GB 28050 的规定；包装贮存标志应符合 GB/T 191 规定。

7.2 包装

包装要能保护固态牦牛乳制品的品质，便于装卸、仓储和运输。

包装袋应符合 GB/T 28118 的规定。

7.3 运输

运输工具应清洁、无异味、无污染。运输时应防雨防潮，严禁与有毒、有害、有异味、易污染的物品混装混运，搬运时应轻拿轻放，不得抛摔。

7.4 贮存

产品应贮存在阴凉、通风、干燥的库房内，不得与有毒、有害、有异味、易挥发、易腐蚀的物品同处存放。产品码放应离地面 10 cm 以上，离墙壁 20 cm 以上。贮存温度在 1~5 ℃、湿度≤70% 为宜。

二、牦牛乳产品标准

【团体标准】

有机生牦牛乳
Organic raw yak milk

标　准　号：T/CXDYJ 0001—2019
发布日期：2019-07-26　　　　　　　实施日期：2019-07-29
发布单位：北京现代有机产业技术创新战略联盟

前　　言

牦牛是我国高原畜牧业的代表性资源。牦牛乳干物质、蛋白质、脂肪、乳糖和矿物质含量较其他牛种高，是我国特殊的优质乳资源。为发挥和有效利用牦牛乳的资源优势，引导和规范有机牦牛乳产业的健康发展，特制定本行业规范。

本规范按照 GB/T 1.1—2009 的编写规则起草。

本规范由北京现代有机产业技术创新战略联盟提出并归口。

本规范由西藏高原之宝牦牛乳业股份有限公司、中粮营养健康研究院有限公司、北京中农博乐科技开发有限公司、四川省若尔盖高原之宝牦牛乳业股份有限公司、北京华清科创科技开发有限公司、中国农业大学、博物风土（北京）认证服务有限公司、中国有机绿色食品实业有限公司、青海省青海圣湖乳业有限责任公司、青海省高原牧歌乳业有限责任公司起草。

本规范主要起草人：罗发洪、毛福涛、刘佳、张雪梅、李琴、韩国印、吴振涛、张建军、金家澍、斯大勇、彭云。

有机生牦牛乳

1 范围

本规范规定了有机生牦牛乳的术语和定义、技术要求、检验方法、挤乳、运输和贮存。

本规范适用于有机生牦牛乳，不适用于即食生牦牛乳。

2 规范性引用文件

下列文件对于本规范的应用是必不可少的。凡是注日期的引用文件，仅所注日期的版本适用于本规范。凡是不注日期的引用文件，其最新版本（包括所有的修改单）适用于本规范。

GB 19630.3—2011　有机产品

GB 2761　食品安全国家标准　食品中真菌毒素限量

GB 2762　食品中污染物限量

GB 2763　食品安全国家标准　食品中农药最大残留限量

GB 4789.2　食品安全国家标准　食品微生物学检验菌落总数测定

GB 5009.5　食品安全国家标准　食品中蛋白质的测定

GB 5413.3　食品安全国家标准　婴幼儿配方食品和乳品中脂肪的测定

GB 5413.30　食品安全国家标准　乳和乳制品杂质度的测定

GB 5413.33　食品安全国家标准　生乳相对密度的测定

GB 5413.34　食品安全国家标准　乳和乳制品酸度的测定

GB 5413.39　食品安全国家标准　乳和乳制品中非脂乳固体的测定

3 术语和定义

3.1 有机生牦牛乳　organic raw yak milk

有机生牦牛乳是指从海拔 2 800 m 以上天然草场自然放牧的健康母牦牛乳房中挤出的无任何成分改变、无药残和重金属残留，并经过有资质的认证机构认证及颁发有机生牦牛乳证书的常乳。产犊后 7 天的初乳、应用生物药物期间和休药期间的乳汁、变质乳不应用作有机生牦牛乳。

4 技术要求

4.1 感官要求

应符合表 1 的规定。

表 1 感官要求

项目	要求	检验方法
色泽	呈乳白色或者微黄色	取适量试样置于 50 mL 烧杯中，在自然光下观察色泽和组织状态。闻其气味，用温开水漱口，品尝滋味
滋味、气味	具有牦牛乳固有的香味，无异味	
组织状态	呈均匀一致液体，无凝块、无沉淀、无正常视力可见异物	

4.2 理化指标

应符合表 2 的规定。

表 2 理化指标

项目		指标			检验方法
		一级	二级	三级	
蛋白质/（g/100 g）	≥	4.5	4.2	3.8	GB 5009.5
脂肪/（g/100 g）	≥	6.0	5.5	5.0	GB 5413.3
非脂乳固体/（g/100 g）	≥	11.0	10.0	9.0	GB 5413.39
相对密度/（20℃/4℃）	≥	1.032	1.031	1.030	GB 5413.33
杂质度/（mg/kg）	≤	4.0			GB 5413.30
酸度/°T		16~22			GB 5413.34

4.3 污染物限量

不得检出。

4.4 真菌毒素限量

不得检出。

4.5 微生物限量

应符合表 3 的规定。

表 3 微生物限量

等级微生物限量/[CFU/g（mL）]	检验方法
一级≤$3×10^5$	GB 4789.2
二级≤$5×10^5$	
三级≤$1×10^6$	

4.6 农药残留限量和兽药残留限量

4.6.1 农药残留不得检出。

4.6.2 兽药残留不得检出。

5 挤乳、运输和贮存

5.1 挤乳

挤乳场所应整洁、干净,挤乳前应用温水清洗乳房,盛乳的器皿应清洗消毒并有防蝇防尘设施。消毒方法应采用无毒无害的操作方法。

5.2 运输和贮存

生乳的运输和贮存应于密闭、洁净、经过消毒的保温奶槽车,并符合有机食品安全要求的容器中,贮存温度为2~6℃。生乳消毒方法可采取超高压食品加工技术或巴氏消毒法等不产生有害物质残留的操作方式。生乳的运输和贮存过程中不得出现混装和交叉污染等问题。

二、牦牛乳产品标准

巴氏杀菌有机牦牛乳、灭菌有机牦牛乳和调制有机牦牛乳

Pasteurized organic yak milk, sterilized organic yak milk and modified organic yak milk

标 准 号：T/CXDYJ 0004—2020
发布日期：2020-03-03　　　　　　　　　实施日期：2020-03-05
发布单位：北京现代有机产业技术创新战略联盟

前　言

牦牛是我国高原畜牧业的代表性资源。牦牛乳干物质、蛋白质、脂肪、乳糖和矿物质含量比其他牛种高，是我国特殊的优质资源。为发挥和有效利用牦牛乳的资源优势，引导和规范有机牦牛乳产业的健康发展，特制定本行业规范。规范按照 GB/T 1.1—2009 的编写规则起草。

本标准替代 T/CXDYJ 0004—2019《巴氏杀菌有机牦牛乳、灭菌有机牦牛乳和调制有机牦牛乳》。

本标准与 T/CXDYJ 0004—2019《巴氏杀菌有机牦牛乳、灭菌有机牦牛乳和和调制有机牦牛乳》相比，主要起草单位变化如下：

——增加"青海高原之宝牦牛乳业有限公司"。

——将重复的"四川省若尔盖高原之宝牦牛乳业股份有限公司"删除。

——将"四川省若尔盐高原之宝牦牛乳业股份有限公司"改为"若尔盖高原之宝牦牛乳业有限责任公司"。

本规范由北京现代有机产业技术创新战略联盟提出并归口。

本规范由西藏高原之宝牦牛乳业股份有限公司、中粮营养健康研究院有限公司、北京中农博乐科技开发有限公司、若尔盖高原之宝牦牛乳业有限责任公司、北京华清科创科技开发有限公司、中国农业大学、博物风土（北京）认证服务有限公司、中国有机绿色食品实业有限公司、青海高原之宝牦牛乳业有限公司、青海省青海圣湖乳业有限责任公司、青海省高原牧歌乳制品有限责任公司起草。

本规范主要起草人：罗发洪、毛福海、刘佳、张雪梅、李琴、韩国印、吴振涛、张建军、金家澍、彭云。

牦牛乳相关标准与规范

巴氏杀菌有机牦牛乳、灭菌有机牦牛乳和调制有机牦牛乳

1 范围

本规范规定了巴氏杀菌有机牦牛乳、灭菌有机牦牛乳和调制有机牦牛乳的术语和定义、技术要求、检验方法、生产加工过程的卫生要求及标志、包装、运输和贮存。

本规范通用于全脂、部分脱脂、脱脂的巴氏杀菌有机牦牛乳、灭菌有机牦牛乳和调制有机牦牛乳。

2 规范性引用文件

下列文件对于本规范的应用是必不可少的，凡是注日期的引用文件，仅所注日期的版本通用于本规范，凡是不注日期的引用文件，其最新版本（包括所有的修改单）适用于本规范。

GB 19630.3—2011　有机产品

GB/T 19　包装储运图示标志

GB 2760　食品安全国家标准　食品添加剂使用标准

GB 2761　食品安全国家标准　食品中真菌毒素限量

GB 2762　食品中污染物限量

GB 4789.1　食品安全国家标准　食品微生物学检验　总则

GB 4789.2　食品安全国家标准　食品微生物学检验　菌落总数测定

GB 4789.3　食品安全国家标准　食品微生物学检验　大肠菌群计数

GB 4789.4　食品安全国家标准　食品微生物学检验　沙门氏菌检验

GB 4789.10　食品安全国家标准　食品微生物学检验　金黄色葡萄球菌检验

GB 4789.18　食品安全国家标准　食品微生物学检验　乳与乳制品检验

GB/T 4789.26　食品卫生微生物学检验　罐头食品商业无菌的检验

GB 5009.5　食品安全国家标准　食品中蛋白质的测定

GB 5413.3　食品安全国家标准　婴幼儿食品和乳品中脂肪的测定

GB 5413.34　食品安全国家标准　乳和乳制品酸度的测定

GB 5413.39　食品安全国家标准　乳和乳制品中非脂乳固体的测定

GB 7718　食品安全国家标准　预包装食品标签通则

GB 12693　食品安全国家标准　乳制品良好生产规范

GB 14880　食品安全国家标准　食品营养强化剂使用标准

GB 28050　食品安全国家标准　预包装食品营养标签通则

T/CXDYJ 0001—2019　有机生牦牛乳

JJF 1070　定量包装商品净含量计量检验规则

国家质量监督检验检疫总局令〔2005〕第75号《定量包装商品计量监督管理办法》

3 术语和定义

3.1 巴氏杀菌有机牦牛乳 pasteurized orginic milk
以有机生牦牛乳为原料,全脂或部分脱脂或脱脂,经巴氏杀菌工艺制成的液体产品。

3.2 灭菌有机牦牛乳 srilized organic milk

3.2.1 超高温灭菌有机牦牛乳 ultra high-temperature organic yak milk
以有机生牦牛乳为原料,全脂或部分脱脂或脱脂,在连续流动的状态下,加热到至少132℃并保持很短时间的灭菌,再经无菌灌装等工艺制成的液体产品。

3.2.2 保持灭菌有机牦牛乳 retort sterilized organic yak milk
以有机生牦牛乳为原料,全脂或部分脱脂或脱脂,无论是否经过预热处理,在灌装并密封之后经灭菌制成的液体产品。

3.3 调制有机牦牛乳 modified organic yak milk
以不低于80%的有机生牦牛乳或复原有机牦牛乳为主要原料,全脂或部分脱脂或脱脂,添加其他原料、食品添加剂或营养强化剂,采用适当的杀菌或灭菌等工艺制成的液体产品。

4 技术要求

4.1 原料要求
4.1.1 有机生牦牛乳:应符合 T/XDYJ 0001—2019 的规定。
4.1.2 复原有机牦牛乳:有机牦牛乳粉为原料,原产地复原而得。
4.1.3 其他原料:应符合相应有机食品的安全标准或有关规定。

4.2 感官要求
应符合表1的规定。

表1 感官要求

项目	要求	检验方法
色泽	呈乳白色或者微黄色或调制乳应有的色泽	取适量试样置于 50 mL 烧杯中,在自然光下观察色泽和组织状态,闻其气味,用温开水漱口,品尝滋味
滋味、气味	具有牦牛乳固有的香味或调制乳应有的香味,无异味	
组织状态	呈均均一致液体,无凝块、无沉淀、无正常视力可见异物,灭菌耗牛乳可有少量脂肪上浮	

4.3 理化指标
应符合表2的规定。

表 2 理化指标

项目	指标						检验方法
	巴氏杀菌有机牦牛乳、灭菌有机牦牛乳			调制有机牦牛乳			
	全脂	部分脱脂	脱脂	全脂	部分脱脂	脱脂	
脂肪/（g/100 g）	≥5.0	0.6~4.9	≤0.5	≥4.0	0.5~3.9	≤0.4	GB 5413.3
蛋白质/（g/100 g）≥	3.8			3.1			GB 5009.5
非脂乳固体/（g/100 g）≥	9.0			—			GB 5413.39
酸度/°T	14~18			—			GB 5413.34

4.4 污染物限量

不得检出。

4.5 真菌毒素限量

不得检出。

4.6 微生物限量

4.6.1 采用巴氏杀菌工艺生产的产品应符合表 3 的规定。

表 3 巴氏杀菌产品微生物限量

项目	采样方案[a] 及限量（非指定，均以 CFU/g 或 CFU/mL 表示）				检验方法
	n	c	m	M	
菌落总数	5	2	10 000	30 000	GB 4789.2
大肠菌群	5	2	1	5	GB 4789.3 平板计数法
金黄色葡萄球菌	5	0	0/25 g（mL）	—	GB 4789.10 定性检验
沙门氏菌	5	0	0/25 g（mL）	—	GB 4789.4

[a] 样品的分析及处理按 GB 4789.1 和 GB 4789.18 的规定执行。

4.6.2 采用灭菌工艺出产的产品应符合商业无菌的要求，并按 CB/T 4789.2 规定的方法检验。

4.7 食品添加剂和营养强化剂

4.7.1 食品添加剂和营养强化剂的质量应符合相应有机食品添加剂的安全标准和有关规定。

4.7.2 食品添加剂和营养强化剂的使用范围和使用量应符合 GB 19630.3—2011、GB 2760 和 GB 14880 的规定。

4.8 净含量及其检验

应符合《定量包装商品计量监督管理办法》的规定，净含量检验按 JJF 1070 的规定执行。

5 生产加工过程的卫生要求

应符合 GB 19630.3—2011 和 GB 12693 的规定。

6 标志、包装、运输和贮存

6.1 标志

6.1.1 产品标签标示应符合 GB 19630.3—2011、GB 7718 和 GB 28050 的规定，外包装标志应符合 GB 19630.3—2011 和 GB/T 191 的规定。

6.1.2 巴氏杀菌有机牦牛乳应在产品包装主要展示版面上紧邻产品名称的位置，使用不小于产品名称字号且字体高度不小于主要展示版面高度五分之一的汉字标示"有机牦牛乳/奶"。

6.1.3 灭菌有机牦牛乳应在产品包装主要展示版面上紧邻产品名称的位置，使用不小于产品名称字号，字体高度不小于主要展示版面高度五分之一的汉字标示"有机牦牛乳/奶"。

6.1.4 全部用有机牦牛乳生产的产品应在产品名称紧邻部位标明"复原有机牦牛乳/奶"；在有机生牦牛乳中添加部分有机牦牛乳粉生产的产品应在产品名称紧邻部位标明"含××%复原有机牦牛乳/奶，"××%"是指所添加乳粉产品中全乳固体的质量分数。

6.1.5 "复原有机牦牛乳/奶与产品名称应标识在包装容器的主要展示版面；标识的"复原有机牦牛乳/奶"字样应醒目，其字号不小于产品名称的字号，字体高度不小于主要展示版面高度的五分之一。

6.2 包装

产品应采用符合安全标准的包装材料包装。

6.3 运输和贮存

6.3.1 贮存场所及运输工具应清洁、卫生、干燥、防止日晒、雨淋，不得与有毒、有害、有异味或影响产品质量的物品同库存放或混装运输。

6.3.2 巴氏杀菌产品需要冷藏，运输和贮存的温度为 2~6℃。

6.3.3 保质期

产品保质期由生产企业根据包装材质、工艺条件自行确定。

地理标志产品 红原牦牛奶

标准号：T/NENG 001—2022
发布日期：2022-08-16　　　　　　　　　实施日期：2022-08-20
发布单位：红原县诺尔纳格牦牛协会

前　　言

本文件按照 GB/T 1.1—2020《标准化工作导则　第 1 部分：标准化文件的结构和起草规则》的规定起草。

请注意本文件的某些内容可能涉及专利。本文件的发布机构不承担识别专利的责任。

本文件由红原县诺尔纳格牦牛协会提出并归口。

本文件起草单位：红原县诺尔纳格牦牛协会、红原牦牛乳业有限责任公司、西部牦牛产业集团有限责任公司。

本文件主要起草人：曲崧、冉光珍、税晓燕、李伟、罗强、彭措扎西。

地理标志产品 红原牦牛奶

1 范围

本文件规定了地理标志产品红原牦牛奶的地理标志保护范围、要求、试验方法、检验规则、标志、标签、包装、运输、贮存和保质期。

本文件适用于以红原牦牛生乳为原料,经原奶采收、巴氏杀菌、灌装等工艺生产的红原牦牛奶。

2 规范性引用文件

下列文件中的内容通过文中的规范性引用而构成本文件必不可少的条款。其中,注日期的引用文件,仅该日期对应的版本适用于本文件;不注日期的引用文件,其最新版本(包括所有的修改单)适用于本文件。

GB/T 191 包装储运图示标志
GB 2761 食品安全国家标准 食品中真菌毒素限量
GB 2762 食品安全国家标准 食品中污染物限量
GB 2763 食品安全国家标准 食品中农药最大残留限量
GB 4789.26 食品安全国家标准 食品微生物学检验 商业无菌检验
GB 5009.5 食品安全国家标准 食品中蛋白质的测定
GB 5009.6 食品安全国家标准 食品中脂肪的测定
GB 5009.11 食品安全国家标准 食品中总砷及无机砷的测定
GB 5009.12 食品安全国家标准 食品中铅的测定
GB 5009.17 食品安全国家标准 食品中总汞及有机汞的测定
GB 5009.24 食品安全国家标准 食品中黄曲霉毒素 M 族的测定
GB 5009.92 食品安全国家标准 食品中钙的测定
GB 5009.123 食品安全国家标准 食品中铬的测定
GB 5009.239 食品安全国家标准 食品酸度的测定
GB 5413.39 食品安全国家标准 乳和乳制品中非脂乳固体的测定
GB 7718 食品安全国家标准 预包装食品标签通则
GB 14881 食品安全国家标准 食品生产通用卫生规范
GB 19301 食品安全国家标准 生乳
GB 28050 食品安全国家标准 预包装食品营养标签通则
GB 31650 食品安全国家标准 食品中兽药最大残留限量
NY/T 658 绿色食品 包装通用准则
NY/T 1172—2006 生鲜牛乳质量管理规范
JJF 1070 定量包装商品净含量计量检验规则

3 术语和定义

本文件没有需要界定的术语和定义。

4 地理标志保护范围

红原牦牛奶的产地范围限于国家质量监督检验检疫总局令第78号《地理标志产品保护规定》批准的保护范围，即四川省阿坝藏族羌族自治州红原县现辖行政区域，见附录A。

5 要求

5.1 原料要求

5.1.1 奶源牛品种要求

红原牦牛（地方类群）。

5.1.2 奶源产地条件

海拔3 000~4 500 m，以大渡河的梭磨河支系和白河的溪流为水源，以含有红景天、松贝、虫草、雪莲花、甘松、秦艽、羌活、大黄、黄芪等植物的天然草场为放牧地。

5.1.3 奶源牛饲养方式

放牧饲养。

5.1.4 生乳采集要求

早上6点至8点，手上涂抹奶油对牦牛进行挤奶工作。

5.1.5 生乳质量要求

5.1.5.1 到厂的红原牦牛生乳应符合GB 19301的规定及NY/T 1172—2006中第4章规定的质量标准。

5.1.5.2 红原牦牛生乳的理化指标除应符合5.1.5.1的规定外，还应符合表1的要求。

表1 生乳理化指标

项目		指标
蛋白质/（g/100 g）	≥	3.5
脂肪/（g/100 g）	≥	4.5
酸度/°T		12~18

5.2 感官指标

应符合表2的规定。

表2 感官指标

项目	指标
色泽	色泽偏深，呈乳白色或微黄色
滋味、气味	奶香浓郁，不腥不膻，无异味
组织状态	呈均匀一致的液体，无凝块、无沉淀、无正常视力可见异物

5.3 理化指标

应符合表3的规定。

表3 理化指标

项目		指标
脂肪[a]/（g/100 g）	≥	3.5
蛋白质/%	≥	3.8
钙（以 Ca 计）/（mg/100 g）	≥	130
非乳脂固体/（g/kg）	≥	8.5
酸度/°T		13~18
铅（以 Pb 计）/（mg/kg）	≤	0.05
总汞（以 Hg 计）/（mg/kg）	≤	0.01
总砷（以 As 计）/（mg/kg）	≤	0.1
铬（以 Cr 计）/（mg/kg）	≤	0.3
黄曲霉毒素 M_1/（μg/kg）	≤	0.5

[a] 仅适用于全脂牦牛灭菌乳。

5.4 微生物指标

应符合商业无菌的要求。

5.5 污染物限量

应符合 GB 2762 的规定。

5.6 真菌霉素限量

应符合 GB 2761 的规定。

5.7 农药残留限量

应符合 GB 2763 的规定。

5.8 兽药残留限量

应符合 GB 31650 的规定。

5.9 净含量及允许短缺量

应符合国家质量监督检验检疫总局令〔2005〕第75号《定量包装商品计量监督管理办法》的规定。

5.10 生产加工过程的卫生要求

应符合 GB 14881 的规定。

6 试验方法

6.1 感官指标

取适量试样置于50 mL烧杯中，在自然光下观察色泽和组织状态。闻其气味，用温开水漱口，品尝滋味。

6.2 理化指标

6.2.1 脂肪
按 GB 5009.6 规定的方法测定。

6.2.2 蛋白质
按 GB 5009.5 规定的方法测定。

6.2.3 钙
按 GB 5009.92 规定的方法测定。

6.2.4 非乳脂固体
按 GB 5413.39 规定的方法测定。

6.2.5 酸度
按 GB 5009.239 规定的方法测定。

6.2.6 铅
按 GB 5009.12 规定的方法测定。

6.2.7 汞
按 GB 5009.17 规定的方法测定。

6.2.8 总砷
按 GB 5009.11 规定的方法测定。

6.2.9 铬
按 GB 5009.123 规定的方法测定。

6.2.10 黄曲霉毒素 M_1
按 GB 5009.24 规定的方法测定。

6.3 微生物指标
按 GB 4789.26 规定的方法测定。

6.4 净含量及允许短缺量
按 JJF 1070 规定的方法测定。

7 检验规则

7.1 原辅料检验
原辅料入库需经本单位检验部门检验合格或索取产品检验合格证明后方可入库。

7.2 出厂检验
7.2.1 产品出厂需经工厂检验部门逐批检验合格,附产品合格证方能出厂。

7.2.2 出厂检验项目为感官指标脂肪、蛋白质、非脂乳固体、酸度、微生物指标、净含量及允许短缺量。

7.3 型式检验
7.3.1 型式检验项目为本文件第5章规定的全部项目。

7.3.2 正常生产时每半年进行一次型式检验;有下列情况时也应进行型式检验。
　　——产品定型时;
　　——当原料来源发生变化或主要设备更换,可能影响产品质量时;

——出厂检验的结果与上次型式检验有较大差异时；
——停产 3 个月以上恢复生产时；
——国家食品安全监督机构提出要求时。

7.4 组批
同一天、同一班次生产的同一品种的产品为一个检验批次。

7.5 抽样方法和数量
7.5.1 出厂检验每次在每批中随机抽取不少于 1 L（不低于 8 个最小销售包装）的成品进行检测，样品分为两份，一份作为检验样品，一份作为备样样品。

7.5.2 型式检验抽样应在出厂检验合格批次中随机抽取不少于 2 L（不低于 16 个最小销售包装）的产品作为检测样品，样品分为两份，一份作为检验样品，一份作为备样样品。

7.6 判定规则
所检项目全部合格判为合格。若出现不合格项时，可加倍抽样复验，复验合格则判为该批产品合格；如仍有不合格项目，则判定该批产品为不合格。微生物项目不得复验。

8 标志、标签、包装、运输、贮存和保质期

8.1 标志、标签
8.1.1 产品标志、标签应符合 GB 7718、GB 28050 和国家质检总局令〔2009〕第 123 号《食品标识管理规定》的规定。

8.1.2 包装储运图示标志应符合 GB/T 191 的规定。

8.1.3 灌装完好的产品输送至喷码机处根据实际的生产日期打印批号。

8.1.4 产品可追溯信息标记应清晰。

8.2 包装
根据包装箱的规格将打印完好的产品装入指定的纸箱中。包装应符合 NY/T 658 的规定。

8.3 运输
运输工具应清洁、卫生、无异味、无污染；运输过程中应防雨、防潮、防暴晒。不应与有毒有害、有异味、易污染的物品混装、混运。

8.4 贮存
8.4.1 产品存放应符合"一垫五不靠"的原则。"一垫"指下面垫有托盘，"五不靠"指四面不靠墙，上面不靠顶棚，物品存放应离墙 30 cm、离地 15 cm、离灯 50 cm。

8.4.2 产品应存放在通风良好的仓库中，库内环境良好，无异味，避免强光直射，库房温度应在 0~30℃，相对湿度 30%~70%RH。

8.4.3 库房应做到防鼠、防蝇、防蟑、防虫。防鼠设施：如在库房四周墙角安装粘鼠板；防蝇措施：如安装灭蝇灯、悬挂粘蝇条；防蟑、防虫设施：如安装门帘等。

8.5 保质期
在符合本文件规定条件下，自生产之日起，保质期以实际包装标注为准。

附录 A
（规范性）
红原牦牛奶地理标志产品保护范围图

红原牦牛奶地理标志产品保护范围见原标准图 A.1。

参考文献

［1］ 国家质量监督检验检疫总局令第 78 号　地理标志产品保护规定
［2］ 国家质量监督检验检疫总局令〔2005〕第 75 号　定量包装商品计量监督管理办法
［3］ 国家质检总局令〔2009〕第 123 号　食品标识管理规定

发酵有机牦牛乳
Fermented organic yak milk

标 准 号：T/CXDYJ 0003—2019
发布日期：2019-07-26　　　　　　　　实施日期：2019-07-29
发布单位：北京现代有机产业技术创新战略联盟

前　言

牦牛是我国高原畜牧业的代表性资源。牦牛乳干物质、蛋白质、脂肪、乳糖和矿物质含量较其他牛种高，是我国特殊的优质乳资源。为发挥和有效利用牦牛乳的资源优势，引导和规范有机牦牛乳产业的健康发展，特制定本行业规范。

本规范按照 GB/T 1.1—2009 的编写规则起草。

本规范由北京现代有机产业技术创新战略联盟提出并归口。

本规范由西藏高原之宝牦牛乳业股份有限公司、中粮营养健康研究院有限公司、北京中农博乐科技开发有限公司、四川省若尔盖高原之宝牦牛乳业股份有限公司、北京华清科创科技开发有限公司、中国农业大学、中国有机绿色食品实业有限公司、博物风土（北京）认证服务有限公司、青海省青海圣湖乳业有限责任公司、四川省若尔盖高原之宝牦牛乳业股份有限公司、青海省高原牧歌乳制品有限责任公司起草。

本规范主要起草人：罗发洪、毛福涛、刘佳、张雪梅、李琴、韩国印、吴振涛、张建军、金家澎、彭云。

发酵有机牦牛乳

1 范围

本规范规定了发酵有机牦牛乳的术语和定义、技术要求、检验方法、生产加工过程的卫生要求及标志、包装、运输和贮存。本规范适用于发酵有机牦牛乳。

2 规范性引用文件

下列文件对于本规范的应用是必不可少的，通过在本规范中引用而构成为本规范的条文。注日期的引用文件，仅所注日期版本适用本规范。不注日期的引用文件，其最新版本适用本规范。

GB 19630.3—2011 有机产品

GB/T 191 包装储运图示标志

GB 2760 食品安全国家标准 食品添加剂使用标准

GB 2761 食品安全国家标准 食品中真菌毒素限量

GB 2762 食品中污染物限量

GB 4789.1 食品安全国家标准 食品微生物学检验 总则

GB 4789.3 食品安全国家标准 食品微生物学检验 大肠菌群计数

GB 4789.4 食品安全国家标准 食品微生物学检验 沙门氏菌检验

GB 4789.10 食品安全国家标准 食品微生物学检验 金黄色葡萄球菌检验

GB 4789.15 食品安全国家标准 食品微生物学检验 霉菌和酵母计数

GB 4789.18 食品安全国家标准 食品微生物学检验 乳与乳制品检验

GB 4789.35 食品安全国家标准 食品微生物学检验 乳酸菌检验

GB 5009.5 食品安全国家标准 食品中蛋白质的测定

GB 5413.3 食品安全国家标准 婴幼儿食品和乳品中脂肪的测定

GB 5413.34 食品安全国家标准 乳和乳制品酸度的测定

GB 5413.39 食品安全国家标准 乳和乳制品中非脂乳固体的测定

GB 7718 食品安全国家标准 预包装食品标签通则

GB 12693 食品安全国家标准 乳制品良好生产规范

GB 14880 食品安全国家标准 食品营养强化剂使用标准

GB 28050 食品安全国家标准 预包装食品营养标签通则

T/CXDYJ 0001—2019 有机生牦牛乳

JJF 1070 定量包装商品净含量计量检验规则

国家质量监督检验检疫总局令〔2005〕第 75 号《定量包装商品计量监督管理办法》

3 术语和定义

3.1 发酵有机牦牛乳 fermented organic yak milk

以有机生牦牛乳或复原有机牦牛乳为原料，经杀菌、接种发酵剂发酵后制成的pH值降低的产品。

3.1.1 有机牦牛酸乳 organic yak yoghurt

以有机生牦牛乳或复原有机牦牛乳为原料，经杀菌、接种嗜热链球菌和保加利亚乳杆菌（德氏乳杆菌保加利亚亚种）发酵等工艺制成的产品。

3.2 有机牦牛风味发酵乳 organic yak flavored fermented milk

以80%以上有机生牦牛乳或复原有机牦牛乳为主要原料，经杀菌、接种发酵剂发酵后pH值降低，发酵前或后添加或不添加食品添加剂、营养强化剂、果蔬、谷物等辅料制成的产品。

3.2.1 有机牦牛风味酸乳 flavored yak yoghurt

以80%以上有机生牦牛乳或复原有机牦牛乳为主要原料，经杀菌、接种嗜热链球菌和保加利亚乳杆菌（德氏乳杆菌保加利亚亚种），发酵前或后添加或不添加食品添加剂、营养强化剂、果蔬、谷物等辅料制成的产品。

4 技术要求

4.1 原料要求

4.1.1 有机生牦牛乳：应符合 T/CXDYJ 0001—2019 的规定。

4.1.2 复原有机牦牛乳：以有机牦牛乳粉为原料，在原产地复原而得。

4.1.3 其他原料：应符合相应有机食品的安全标准和（或）有关规定。

4.1.4 发酵菌种：保加利亚乳杆菌（德氏乳杆菌保加利亚亚种）、嗜热链球菌或其他由国务院卫生行政部门批准使用的菌种。

4.2 感官要求

应符合表1的规定。

表1 感官要求

项目	要求		检验方法
	有机牦牛发酵乳	有机牦牛风味发酵乳	
色泽	均匀一致，呈乳白色或微黄色	具有与添加成分相符的色泽	取适量试样置于50 mL烧杯中，在自然光下观察色泽和组织状态。闻其气味，用温开水漱口，品尝滋味
滋味、气味	具有发酵牦牛乳特有的滋味和气味	具有与添加成分相符的滋味和气味	
组织状态	组织细腻、均匀，允许有少量乳清析出；风味发酵牦牛乳具有添加成分特有的组织状态		

4.3 理化指标

应符合表2的规定。

表 2 理化指标

项目		指标		检验方法
		有机牦牛发酵乳	有机牦牛风味发酵乳	
蛋白质/（g/100 g）	≥	3.8	3.1	GB 5009.5
脂肪/（g/100 g）	≥	5.0	4.0	GB 5413.3
非脂乳固体[a]/（g/100 g）	≥	9.0	—	GB 5413.39
酸度/°T		70.0		GB 5413.34

[a] 非脂乳固体（%）= 100%-脂肪（%）-水分（%）。

4.4 污染物限量
不得检出。

4.5 真菌毒素限量
不得检出。

4.6 微生物限量
应符合表 3 的规定。

表 3 微生物限量

项目	采样方案[a] 及限量（若非指定，均以 CFU/g 或 CFU/mL 表示）				检验方法
	n	c	m	M	
大肠菌群	5	2	1	5	GB 4789.3 平板计数法
金黄色葡萄球菌	5	0	0/25 g（mL）	—	GB 4789.10 定性检验
沙门氏菌	5	0	0/25 g（mL）	—	GB 4789.4
酵母 ≤	100				GB 4789.15
霉菌	0				

[a] 样品的分析及处理按 GB 4789.1 和 GB 4789.18 执行。

4.7 乳酸菌数
应符合表 4 的规定。

表 4 乳酸菌数

项目		指标/[CFU/g（mL）]	检验方法
乳酸菌数	≥	1×10^6	GB 4789.35

4.8 食品添加剂和食品营养强化剂
4.8.1 食品添加剂和营养强化剂的质量应符合相应有机食品添加剂的安全标准和有关规定。

4.8.2 食品添加剂和营养强化剂的品种、使用范围和使用量应符合 GB 19630.3—2011、GB 2760 和 GB 14880 的规定。

4.9 净含量及其检验

应符合《定量包装商品计量监督管理办法》的规定，净含量检验按 JJF 1070 的规定进行。

5 生产加工过程的卫生要求

应符合 GB 19630.3—2011 和 GB 12693 的规定。

6 标志、包装、运输和贮存

6.1 标志

6.1.1 产品标签标示应符合 GB 19630.3—2011、GB 7718 和 GB 28050 的规定，外包装标志应符合 GB 19630.3—2011 和 GB/T 191 的规定。

6.1.2 产品名称应标示为"有机牦牛发酵乳/奶"或"有机牦牛酸乳/奶"，"××有机牦牛风味发酵乳/奶"或"××有机牦牛风味酸乳/奶"。

6.1.3 全部用有机牦牛乳粉生产的产品应在产品名称紧邻部位标明"复原有机牦牛乳/奶"；在有机生牦牛乳中添加部分有机牦牛乳粉生产的产品应在产品名称紧邻部位标明"含××%复原有机牦牛乳/奶"。

注："××%"是指所添加乳粉占产品中全乳固体的质量分数。

6.1.4 "复原有机牦牛乳/奶"与产品名称应标识在包装容器的同一主要展示版面；标识的"复原有机牦牛乳/奶"字样应醒目，其字号不小于产品名称的字号，字体高度不小于主要展示版面高度的五分之一。

6.2 包装

产品应采用符合安全标准的包装材料包装。

6.3 运输和贮存

6.3.1 贮存场所及运输工具应清洁、卫生、干燥，防止日晒、雨淋，不得与有毒、有害、有异味或影响产品质量的物品同库存放或混装运输。

6.3.2 产品需要冷藏，运输和贮存的温度为 2~6℃。

6.3.3 保质期

产品保质期由生产企业根据包装材质、工艺条件自行确定。

牦牛乳相关标准与规范

有机牦牛乳粉
Organic yak milk powder

标 准 号：T/CXDYJ 0002—2019
发布日期：2019-07-26　　　　　　　　　　实施日期：2019-07-29
发布单位：北京现代有机产业技术创新战略联盟

前　　言

牦牛是我国高原畜牧业的代表性资源。牦牛乳干物质、蛋白质、脂肪、乳糖和矿物质含量较其他牛种高，是我国特殊的优质乳资源。为发挥和有效利用牦牛乳的资源优势，引导和规范有机牦牛乳产业的健康发展，特制定本行业规范。

本规范按照 GB/T 1.1—2009 的编写规则起草。

本规范由北京现代有机产业技术创新战略联盟提出并归口。

本规范由西藏高原之宝牦牛乳业股份有限公司、中粮营养健康研究院有限公司、北京中农博乐科技开发有限公司、四川省若尔盖高原之宝牦牛乳业股份有限公司、北京华清科创科技开发有限公司、中国农业大学、博物风土（北京）认证服务有限公司、中国有机绿色食品实业有限公司、甘肃省甘南燎原乳业有限责任公司、四川省若尔盖高原之宝牦牛乳业股份有限公司起草。

本规范主要起草人：罗发洪、毛福涛、刘佳、张雪梅、李琴、韩国印、吴振涛、张建军、金家澎、彭云。

二、牦牛乳产品标准

有机牦牛乳粉

1 范围

本规范规定了有机牦牛乳粉的术语和定义、技术要求、检验方法、生产加工过程的卫生要求及标志、包装、运输和贮存。

本规范适用于全脂、脱脂有机牦牛乳粉和调制有机牦牛乳粉。

2 规范性引用文件

下列文件对于本规范的应用是必不可少的。凡是注日期的引用文件，仅所注日期的版本适用于本规范。凡是不注日期的引用文件，其最新版本（包括所有的修改单）适用于本规范。

GB 19630.3—2011 有机产品

GB/T 191 包装储运图示标志

GB 2760 食品安全国家标准 食品添加剂使用标准

GB 2761 食品安全国家标准 食品中真菌毒素限量

GB 2762 食品中污染物限量

GB 4789.1 食品安全国家标准 食品微生物学检验 总则

GB 4789.2 食品安全国家标准 食品微生物学检验 菌落总数测定

GB 4789.3 食品安全国家标准 食品微生物学检验 大肠菌群计数

GB 4789.4 食品安全国家标准 食品微生物学检验 沙门氏菌检验

GB 4789.10 食品安全国家标准 食品微生物学检验 金黄色葡萄球菌检验

GB 4789.18 食品安全国家标准 食品微生物学检验 乳与乳制品检验

GB 5009.3 食品安全国家标准 食品中水分的测定

GB 5009.5 食品安全国家标准 食品中蛋白质的测定

GB 5413.3 食品安全国家标准 婴幼儿配方食品和乳品中脂肪的测定

GB 5413.29 食品安全国家标准 乳和乳制品溶解性的测定

GB 5413.30 食品安全国家标准 乳和乳制品杂质度的测定

GB 5413.34 食品安全国家标准 乳和乳制品酸度的测定

GB 7718 食品安全国家标准 预包装食品标签通则

GB 12693 食品安全国家标准 乳制品良好生产规范

GB 14880 食品安全国家标准 食品营养强化剂使用标准

GB 28050 食品安全国家标准 预包装食品营养标签通则

T/CXDYJ 0001—2019 有机生牦牛乳

JJF 1070 定量包装商品净含量计量检验规则

国家质量监督检验检疫总局令〔2005〕第 75 号《定量包装商品计量监督管理办法》

3 术语和定义

3.1 有机牦牛乳粉 organic yak milk powder

以有机生牦牛乳为原料，全脂或脱脂，经杀菌、浓缩、干燥等工艺制成的粉状产品。

3.2 调制有机牦牛乳粉 formulated organic yak milk powder

以有机生牦牛乳为主要原料，添加其他原料，添加或不添加食品添加剂和营养强化剂，经杀菌、浓缩、干燥等工艺制成的乳固体含量不低于70%的粉状产品。

4 技术要求

4.1 原料要求

4.1.1 有机生牦牛乳：应符合 T/CXDYJ 0001—2019 的规定。

4.1.2 其他原料：应符合相应有机食品的安全标准和/或有关规定。

4.2 感官要求

应符合表1的规定。

表1 感官要求

项目	要求		检验方法
	有机牦牛乳粉	调制有机牦牛乳粉	
色泽	呈均匀一致的乳黄色	具有应有的色泽	取适量试样置于50 mL烧杯中，在自然光下观察色泽和组织状态。闻其气味，用温开水漱口，品尝滋味
滋味、气味	具有本品特有的香味，无异味	具有应有的滋味、气味	
组织状态	干燥、均匀的粉末，无结块		

4.3 理化要求

应符合表2规定。

表2 理化指标

项目		指标			检验方法
		全脂有机牦牛乳粉	脱脂有机牦牛乳粉	调制有机牦牛乳粉	
脂肪/%		≥30.0	≤1.5	—	GB 5413.3
蛋白质/%	≥	非脂乳固体[a] 的 38.0		20.0	GB 5009.5
杂质度/（mg/kg）	≤	16		—	GB 5413.30
复原乳酸度/°T		13~18		—	GB 5413.34
不溶度指数/mL	≤	1.0			GB 5413.29
水分/%	≤	5.0			GB 5009.3

[a] 非脂乳固体（%）= 100%-脂肪（%）-水分（%）。

4.4 污染物限量
不得检出。

4.5 真菌毒素限量
不得检出。

4.6 微生物限量
应符合表 3 的规定。

表 3 微生物限量

项目	采样方案[a] 及限量（若非指定，均以 CFU/g 表示）				检验方法
	n	c	m	M	
菌落总数[b]	5	2	30 000	100 000	GB 4789.2
大肠菌群	5	1	10	100	GB 4789.3 平板计数法
金黄色葡萄球菌	5	2	10	100	GB 4789.10 定性检验
沙门氏菌	5	0	0/25g	—	GB 4789.4

[a] 样品的分析及处理按 GB 4789.1 和 GB 4789.18 执行。
[b] 不适用于添加活性菌种（好氧或兼性厌氧益生菌）的产品。

4.7 食品添加剂和营养强化剂
4.7.1 食品添加剂和营养强化剂的质量应符合相应有机食品添加剂的安全标准和有关规定。
4.7.2 食品添加剂和营养强化剂的品种、使用范围和使用量应符合 GB 19630.3—2011、GB 2760 和 GB 14880 的规定。

4.8 净含量及其检验
应符合《定量包装商品计量监督管理办法》的规定，净含量检验按 JJF 1070 的规定执行。

5 生产加工过程的卫生要求
应符合 GB 19630.3—2011 和 GB 12693 的规定。

6 标志、包装、运输和贮存

6.1 标志
产品标签标示应符合 GB 19630.3—2011、GB 7718 和 GB 28050 的相关规定，外包装标志应符合 GB/T 191 和 GB 19630.3—2011 的相关规定。

6.2 包装
产品的包装容器与材料应符合有机食品安全标准和有关规定，可以使用食品级或纯度≥99.9%的二氧化碳或氮气作为包装介质。

6.3 运输和贮存
6.3.1 贮存场所及运输工具应清洁、卫生、干燥，防止日晒、雨淋，不得与有毒、有害、有异味或影响产品质量的物品同库存放或混装运输。

6.3.2 产品堆放时必须有垫板,与地面距离 10 cm 以上,与墙壁距离 20 cm 以上。

6.3.3 保质期

产品保质期由生产企业根据包装材质、工艺条件自行确定。

二、牦牛乳产品标准

地理标志产品　红原牦牛奶粉

标 准 号：T/NENG 002—2022
发布日期：2022-08-16　　　　　　　　　实施日期：2022-08-20
发布单位：红原县诺尔纳格牦牛协会

前　言

本文件按照 GB/T 1.1—2020《标准化工作导则　第 1 部分：标准化文件的结构和起草规则》的规定起草。

请注意本文件的某些内容可能涉及专利。本文件的发布机构不承担识别专利的责任。

本文件由红原县诺尔纳格牦牛协会提出并归口。

本文件起草单位：红原县诺尔纳格牦牛协会、红原牦牛乳业有限责任公司、西部牦牛产业集团有限责任公司。

本文件主要起草人：曲崧、冉光珍、税晓燕、李伟、罗强、彭措扎西。

地理标志产品 红原牦牛奶粉

1 范围

本文件规定了地理标志产品红原牦牛奶粉的地理标志保护范围、要求、试验方法、检验规则、标志、标签、包装、运输、贮存和保质期。

本文件适用于以红原牦牛生乳为原料，经巴氏杀菌、真空浓缩、压力喷雾干燥、流化床干燥、筛粉、包装等工艺生产的红原牦牛奶粉。

2 规范性引用文件

下列文件中的内容通过文中的规范性引用而构成本文件必不可少的条款。其中，注日期的引用文件，仅该日期对应的版本适用于本文件；不注日期的引用文件，其最新版本（包括所有的修改单）适用于本文件。

GB/T 191　包装储运图示标志
GB 2761　食品安全国家标准　食品中真菌毒素限量
GB 2762　食品安全国家标准　食品中污染物限量
GB 2763　食品安全国家标准　食品中农药最大残留限量
GB 4789.1　食品安全国家标准　食品微生物学检验　总则
GB 4789.2　食品安全国家标准　食品微生物学检验　菌落总数测定
GB 4789.3　食品安全国家标准　食品微生物学检验　大肠菌群计数
GB 4789.4　食品安全国家标准　食品微生物学检验　沙门氏菌检验
GB 4789.10　食品安全国家标准　食品微生物学检验　金黄色葡萄球菌检验
GB 4789.18　食品安全国家标准　食品微生物学检验　乳与乳制品检验
GB 5009.3　食品安全国家标准　食品中水分的测定
GB 5009.5　食品安全国家标准　食品中蛋白质的测定
GB 5009.6　食品安全国家标准　食品中脂肪的测定
GB 5009.11　食品安全国家标准　食品中总砷及无机砷的测定
GB 5009.12　食品安全国家标准　食品中铅的测定
GB 5009.24　食品安全国家标准　食品中黄曲霉毒素 M 族的测定
GB 5009.33　食品安全国家标准　食品中亚硝酸盐与硝酸盐的测定
GB 5009.92　食品安全国家标准　食品中钙的测定
GB 5009.123　食品安全国家标准　食品中铬的测定
GB 5009.239　食品安全国家标准　食品酸度的测定
GB 5413.29　食品安全国家标准　婴幼儿食品和乳品中溶解性的测定
GB 5413.30　食品安全国家标准　乳和乳制品杂质度的测定
GB 7718　食品安全国家标准　预包装食品标签通则
GB 14881　食品安全国家标准　食品生产通用卫生规范

GB 19301　食品安全国家标准　生乳
GB 28050　食品安全国家标准　预包装食品营养标签通则
GB 31650　食品安全国家标准　食品中兽药最大残留限量
NY/T 1172—2006　生鲜牛乳质量管理规范
JJF 1070　定量包装商品净含量计量检验规则

3　术语和定义

本文件没有需要界定的术语和定义。

4　地理标志保护范围

红原牦牛奶粉的产地范围限于国家质量监督检验检疫总局令第 78 号《地理标志产品保护规定》批准的保护范围，即四川省阿坝藏族羌族自治州红原县现辖行政区域，见附录 A。

5　要求

5.1　原料要求

5.1.1　奶源牛品种要求

红原牦牛（地方类群）。

5.1.2　奶源产地条件

海拔 3 000~4 500 m，以大渡河的梭磨河支系和白河的溪流为水源，以含有红景天、松贝、虫草、雪莲花、甘松、秦艽、羌活、大黄、黄芪等植物的天然草场为放牧地。

5.1.3　奶源牛饲养方式

放牧饲养。

5.1.4　生乳采集要求

早上 6 点至 8 点，手上涂抹奶油对牦牛进行挤奶工作。

5.1.5　生乳质量要求

5.1.5.1　到厂的红原牦牛生乳应符合 GB 19301 的规定及 NY/T 1172—2006 中第 4 章规定的质量标准。

5.1.5.2　红原牦牛生乳的理化指标除应符合 5.1.5.1 的规定外，还应符合表 1 的要求。

表 1　生乳理化指标

项目	指标
蛋白质/（g/100 g）	≥3.5
脂肪/（g/100 g）	≥4.5
酸度/°T	12~18

5.2　感官指标

应符合表 2 的规定。

表 2 感官指标

项目	指标
色泽	呈均匀一致的乳黄色或乳白色
滋味、气味	具有纯正的乳香味
组织状态	干燥均匀的粉末

5.3 理化指标

应符合表 3 的规定。

表 3 理化指标

项目	指标		
	全脂牦牛乳粉	部分脱脂牦牛乳粉	脱脂牦牛乳粉
脂肪/%	≥26.0	1.5~26.0	≤1.5
蛋白质/%	≥非脂乳固体[a] 的 37%	≥28.0	
钙（以 Ca 计）/（mg/100 g）	≥970		
杂质度/（mg/kg）	≤16		
复原乳酸度/°T	13~18		
不溶度指数/mL	≤1.0		
水分/%	≤5.0		
铅（以 Pb 计）/（mg/kg）	≤0.5		
总砷（以 As 计）/（mg/kg）	≤0.5		
铬（以 Cr 计）/（mg/kg）	≤2.0		
亚硝酸盐（以 $NaNO_2$ 计）/（mg/kg）	≤2.0		
黄曲霉毒素 M_1[b]/（μg/kg）	≤0.5		

[a] 非脂乳固体（%）= 100%-脂肪（%）-水分（%）；
[b] 按生乳折算。

5.4 微生物指标

应符合表 4 的规定。

表 4 微生物指标

项目	采样方案[a] 及限量（若非指定，均以 CFU/g 表示）			
	n	c	m	M
菌落总数[b]	5	2	10 000	100 000
大肠菌群	5	1	10	100

(续表)

项目	采样方案[a] 及限量（若非指定，均以 CFU/g 表示）			
	n	c	m	M
金黄色葡萄球菌	5	2	10	100
沙门氏菌	5	0	0/25 g	—

[a] 样品的析及处理按 GB 4789.1 和 GB 4789.18 执行。
[b] 不适用于添加沽性菌种（好氧或兼性厌氧益生菌）的产品。

5.5 污染物限量
应符合 GB 2762 的规定。

5.6 真菌毒素限量
应符合 GB 2761 的规定。

5.7 农药残留限量
应符合 GB 2763 的规定。

5.8 兽药残留限量
应符合 GB 31650 的规定。

5.9 净含量及允许短缺量
应符合国家质量监督检验检疫总局令〔2005〕第 75 号《定量包装商品计量监督管理办法》的规定。

5.10 生产加工过程的卫生要求
应符合 GB 14881 的规定。

6 试验方法

6.1 感官指标
取适量试样置于 50 mL 烧杯中，在自然光下观察色泽和组织状态。闻其气味，用温开水漱口，品尝滋味。

6.2 理化指标

6.2.1 脂肪
按 GB 5009.6 规定的方法测定。

6.2.2 蛋白质
按 GB 5009.5 规定的方法测定。

6.2.3 钙
按 GB 5009.92 规定的方法测定。

6.2.4 杂质度
按 GB 5413.30 规定的方法测定。

6.2.5 复原乳酸度
按 GB 5009.239 规定的方法测定。

6.2.6 不溶度指数
按 GB 5413.29 规定的方法测定。

6.2.7 水分
按 GB 5009.3 规定的方法测定。

6.2.8 铅
按 GB 5009.12 规定的方法测定。

6.2.9 总砷
按 GB 5009.11 规定的方法测定。

6.2.10 铬
按 GB 5009.123 规定的方法测定。

6.2.11 亚硝酸盐
按 GB 5009.33 规定的方法测定。

6.2.12 黄曲霉毒素 M_1
按 GB 5009.24 规定的方法测定。

6.3 微生物指标

6.3.1 菌落总数
按 GB 4789.2 规定的方法测定。

6.3.2 大肠菌群
按 GB 4789.3 规定的方法测定，采用第二法 大肠菌群平板计数法。

6.3.3 金黄色葡萄球菌
按 GB 4789.10 规定的方法测定，采用第二法 金黄色葡萄球菌平板计数法。

6.3.4 沙门氏菌
按 GB 4789.4 规定的方法测定。

6.4 净含量及允许短缺量
按 JJF 1070 规定的方法测定。

7 检验规则

7.1 原辅料检验
原辅料入库需经本单位检验部门检验合格或索取产品检验合格证明后方可入库。

7.2 出厂检验
7.2.1 产品出厂需经工厂检验部门逐批检验合格，附产品合格证方能出厂。

7.2.2 出厂检验项目为感官指标、脂肪、蛋白质、杂质度、复原乳酸度、水分、菌落总数、大肠菌群、金黄色葡萄球菌、沙门氏菌、净含量及允许短缺量。

7.3 型式检验
7.3.1 型式检验项目为本文件第 5 章规定的全部项目。

7.3.2 正常生产时每半年进行一次型式检验；有下列情况时也应进行型式检验。
——产品定型时；
——当原料来源发生变化或主要设备更换，可能影响产品质量时；
——出厂检验的结果与上次型式检验有较大差异时；
——停产 3 个月以上恢复生产时；

——国家食品安全监督机构提出要求时。

7.4 组批
同一天、同一班次生产的同一品种的产品为一个检验批次。

7.5 抽样方法和数量
7.5.1 出厂检验每次在每批中随机抽取不少于 1 kg（不低于 8 个最小销售包装）的成品进行检测，样品分为两份，一份作为检验样品，一份作为备样样品。

7.5.2 型式检验抽样应在出厂检验合格批次中随机抽取不少于 2 kg（不低于 16 个最小销售包装）的产品作为检测样品，样品分为两份，一份作为检验样品，一份作为备样样品。

7.6 判定规则
所检项目全部合格判为合格。若出现不合格项时，可加倍抽样复验，复验合格则判为该批产品合格；如仍有不合格项目，则判定该批产品为不合格。微生物项目不得复验。

8 标志、标签、包装、运输、贮存和保质期

8.1 标志、标签
8.1.1 产品标志、标签应符合 GB 7718、GB 28050 和国家质检总局令〔2009〕第 123 号《食品标识管理规定》的规定。

8.1.2 包装储运图示标志应符合 GB/T 191 的规定。

8.1.3 灌装完好的产品输送至喷码机处根据实际的生产日期打印批号。

8.1.4 产品可追溯信息标记应清晰。

8.2 包装
根据包装箱的规格将打印完好的产品装入指定的纸箱中。包装材料和容器应符合相应的食品国家文件及有关规定，封口严密，包装牢固。

8.3 运输
运输工具应清洁、卫生、无异味、无污染；运输过程中应防雨、防潮、防暴晒。不应与有毒有害、有异味、易污染的物品混装、混运。

8.4 贮存
8.4.1 产品存放应符合"一垫五不靠"的原则。"一垫"指下面垫有托盘，"五不靠"指四面不靠墙，上面不靠顶棚，物品存放应离墙 30 cm、离地 15 cm、离灯 50 cm。

8.4.2 产品应存放在通风良好的仓库中，库内环境良好，无异味，避免强光直射，库房温度应在 0~30℃，相对湿度 30%~70%。

8.4.3 库房应做到防鼠、防蝇、防蟑、防虫。防鼠设施：如在库房四周墙角安装粘鼠板；防蝇措施：如安装灭蝇灯、悬挂粘蝇条；防蟑、防虫设施：如安装门帘等。

8.5 保质期
在符合本文件规定条件下，自生产之日起，保质期以实际包装标注为准。

附录 A
（规范性）
红原牦牛奶粉地理标志产品保护范围图

红原牦牛奶地理标志产品保护范围见原标准图 A.1。

参考文献

[1] 国家质量监督检验检疫总局令第 78 号　地理标志产品保护规定

[2] 国家质量监督检验检疫总局令〔2005〕第 75 号　定量包装商品计量监督管理办法

[3] 国家质检总局令〔2009〕第 123 号　食品标识管理规定

三、牦牛乳产品生产技术规范

三、牦牛乳产品生产技术规范

牦牛交奶牧户管理规范
Management Regulation for Farmers of Selling Yak Milk

标 准 号：RHB 811—2018
发布日期：2018-12-31　　　　　　　实施日期：2018-12-31
发布单位：中国乳制品工业协会

前　　言

为加强牦牛交奶牧户的管理，保障生牦牛乳的质量和牦牛乳制品的安全，保护消费者的健康，维护生产者、经营者和消费者的合法权利，特制定本行业规范。

本规范按照 GB/T 1.1—2009 的编写规则起草。

本规范由中国乳制品工业协会提出并归口。

本规范由中国农业大学、西藏高原之宝牦牛乳业股份有限公司、甘肃华羚乳品股份有限公司、若尔盖高原之宝牦牛乳业有限责任公司、青海高原之宝牦牛乳业有限公司、甘肃燎原乳业集团起草。

本规范主要起草人：任发政、彭云、敏永祥、王世全、马鹏举、姜岩世、毛学英、黄辉、王鹏杰、刘利平、罗洁、刘家敏、李依璇、宋礼、郭慧媛、李媛、刘治麟、葛绍阳。

牦牛乳相关标准与规范

牦牛交奶牧户管理规范

1 范围

本规范规定了牦牛交奶牧户的选择，牧场的卫生与环境、养殖、挤奶和交奶的相关管理要求。本规范适用于交售生牦牛乳牧户的牦牛养殖、挤奶和交奶过程管理。

2 规范性引用文件

下列文件对于本规范的应用是必不可少的。凡是注日期的引用文件，仅所注日期的版本适用于本规范。凡是不注日期的引用文件，其最新版本（包括所有的修改单）适用于本规范。

RHB 812—2018 生牦牛乳收购管理规范

3 牦牛交奶牧户的选择

3.1 需有村委会提供的牧户养殖档案。

3.2 具有一定的文化水平及良好的卫生习惯。

4 卫生与环境

牦牛是半野生放养牛种，牧场周边 15 km 内应无化学污染源。

5 养殖要求

5.1 牧场距离最近的生牦牛乳收购站点不得大于 20 km。

5.2 应防止牦牛食用已污染的草料。

5.3 牦牛养殖中不得使用国家禁用的饲料、饲料添加剂及其他对动物和人体具有直接或者潜在危害的物质，严禁使用非法物质。

5.4 患病牦牛应及时与健康牦牛分开，防止疾病扩散。

6 挤奶要求

6.1 挤奶前先确定牦牛是否患病，患有乳房炎、使用抗生素或处于休药期的牦牛乳不得交入奶站。对处于抗生素或休药期的牦牛乳，应使用单独的挤乳工具和盛装容器。

6.2 挤奶前挤奶工应先洗净双手，并使用75%酒精消毒。

6.3 挤奶前牦牛乳房应先使用温开水冲洗或擦拭，去除表面牛粪、草屑等杂质。

6.4 盛奶应使用符合食品卫生要求的不锈钢容器，不得使用塑料容器，使用后用80℃的热水清洗，并用75%的酒精消毒，防止微生物滋生污染。

6.5 如果挤奶过程中挤奶工离开进行挤奶之外的活动，重新挤奶前需按6.2重新清洗消毒。

6.6 挤奶完成后及时关闭容器盖，防止灰尘、杂质进入，并应采取适当降温措施。

6.7 挤奶后应在1h内交到奶站。

7 交奶要求

7.1 牧户应按照 RHB 812 的规范要求交售生牦牛乳。

7.2 所交售的生牦牛乳应新鲜，满足生牦牛乳收购要求，来自检验检疫合格、无乳房炎、非休药期、不在产犊 7 日内的牛体；生牦牛乳不得掺水掺假，不得加入国家明令禁止的物质。

牦牛乳相关标准与规范

生牦牛乳收购管理规范
Purchasing Management Regulation for Raw Yak Milk

标准号：RHB 812—2018
发布日期：2018-12-31　　　　　　　　　　实施日期：2018-12-31
发布单位：中国乳制品工业协会

前　言

为规范生牦牛乳收购，维护生产者、经营者和消费者的合法权利，特制定本行业规范。

本规范按照 GB/T 1.1—2009 的编写规则起草。

本规范由中国乳制品工业协会提出并归口。

本规范由中国农业大学、西藏高原之宝牦牛乳业股份有限公司、甘肃华羚乳品股份有限公司、若尔盖高原之宝牦牛乳业有限责任公司、青海高原之宝牦牛乳业有限公司、甘肃燎原乳业集团起草。

本规范主要起草人：任发政、彭云、敏永祥、王世全、马鹏举、姜岩世、毛学英、黄辉、王鹏杰、刘利平、罗洁、刘家敏、李依璇、宋礼、郭慧媛、李媛、刘治麟、葛绍阳。

生牦牛乳收购管理规范

1 范围

本规范规定了生牦牛乳收购及收购过程中的基本要求。

本规范适用于牦牛乳加工企业生牦牛乳的收购管理。

2 规范性引用文件

下列文件对于本规范的应用是必不可少的。凡是注日期的引用文件，仅所注日期的版本适用于本规范。凡是不注日期的引用文件，其最新版本（包括所有的修改单）适用于本规范。

RHB 801—2012　生牦牛乳

3 生牦牛乳的收购流程和标准

3.1 流程

奶户交奶→奶站检验→称重→过滤→冷藏待运→冷链运输回厂

3.2 标准

生牦牛乳质量应符合 RHB 801 的规定。

4 规范要求

4.1 生牦牛乳收奶站基本要求

4.1.1 应建在牦牛养殖牧户集中区，交通便利。

4.1.2 有与收奶规模相适应的场地和配套设施。

4.1.3 应在所在地县级人民政府畜牧兽医主管部门备案。

4.2 收奶设备

4.2.1 应配备与收奶量配套的冷却、冷藏、低温运输以及发电机、热水器等设备。

4.2.2 贮奶罐应采用食品级不锈钢制成，保温层厚度不低于 50 mm，密封良好，内设搅拌装置。

4.2.3 生牦牛乳运输罐应保温隔热、防腐蚀、便于清洗。

4.2.4 用于收集生牦牛乳的管道及相关部件应符合国家相关标准的要求。

4.3 人员

4.3.1 所有参与收奶工作人员应有健康证。

4.3.2 应对收奶人员进行定期的卫生安全培训。

4.3.3 生牦牛乳检测人员应经专业培训，考核合格。

4.3.4 管理人员应熟悉乳业管理相关法律法规，熟悉生乳生产、收购相关专业知识。

4.3.5 收奶站应建立员工健康档案。

4.4 卫生

4.4.1 生牦牛乳在冷却、冷藏、运输过程中，应在密闭条件下操作，不得与有毒、有害、挥发性物质接触，生牦牛乳运输罐在起运前由企业驻站监管员对外界相通的罐口加铅封，同时在交接单上签字。

4.4.2 应严格按照设备清洗规程对贮奶设备进行清洗、消毒，并保存有完整的清洗前后水温、冲洗时间、酸碱液浓度的记录；如果清洗消毒后超过 24 h 未使用，再次使用前应重新清洗消毒。

4.4.3 贮奶罐外部应保持清洁。卸奶后应及时清洗消毒，并将罐内的水排净。贮奶罐的盖子应保持关闭状态。

4.5 计量检测

4.5.1 应有与检测项目相适应的化验、计量、检测仪器。

4.5.2 应按照 RHB 801 规范对生牦牛乳进行检测。

4.5.3 收购的生牦牛乳应留存样品，并做好样品的编号、登记。样品应冷冻保存，并至少保留 5 天。

4.6 生牦牛乳收购站管理

4.6.1 生牦牛乳收购站应建立完善的管理制度，至少应包括卫生保障、质量安全保障、化学品管理等制度以及挤奶操作规程。

4.6.2 生牦牛乳收购站应建立生牦牛乳收购、检测和运输记录，并保留 2 年。生牦牛乳收购记录应载明收购站名称、收购许可证编号、牧户姓名、单次收购量、收购日期和地点；生牦牛乳检测记录应载明检测人员、检测项目、检测结果、检测时间等；生牦牛乳运输记录应载明生牦牛乳装载量、装运地、运输车辆牌照及准运证明、承运人姓名、装运时间、装运时生乳温度等。

生牦牛乳流动收奶站管理规范
Management Regulation for Yak Milk Removable Collection Station

标 准 号：RHB 813—2018
发布日期：2018-12-31   实施日期：2018-12-31
发布单位：中国乳制品工业协会

前　　言

为有效保证生牦牛乳的品质，保护消费者的健康，维护生产者、经营者和消费者的合法权利，特制定本行业规范。

本规范按照 GB/T 1.1—2009 的编写规则起草。

本规范由中国乳制品工业协会提出并归口。

本规范由中国农业大学、西藏高原之宝牦牛乳业股份有限公司、甘肃华羚乳品股份有限公司、若尔盖高原之宝牦牛乳业有限责任公司、青海高原之宝牦牛乳业有限公司、甘南燎原乳业集团起草。

本规范主要起草人：任发政、彭云、敏永祥、王世全、马鹏举、姜岩世、毛学英、黄辉、王鹏杰、刘利平、罗洁、刘家敏、李依璇、宋礼、郭慧媛、李嫒、刘治麟、葛绍阳。

生牦牛乳流动收奶站管理规范

1 范围

本规范规定了牦牛乳流动收奶站的术语和定义，以及建设、经营的相关要求。本规范适用于牦牛乳加工企业流动收奶站的管理。

2 术语和定义

2.1 牦牛乳流动收奶站

指结合青藏高原牦牛半野生放养和牧民流动放牧的特点，建立的可随牧民放牧地点变化的一整套可移动的生牦牛乳收购收集服务平台。

3 建设

3.1 选址要求

3.1.1 应选择在环境优良，交通便利，通信畅通，附近无化学污染，拥有干净可食用水源的区域。

3.1.2 应设置在牧户较为集中的地方，周边牧户数量宜不低于40户；与交奶牧户间交通便利，最远牧户距离牦牛乳流动收奶站不得大于20 km，保证挤完奶后1 h内能送至流动收奶站。

3.2 设备设施要求

3.2.1 应地面平整，干燥无积水。

3.2.2 应具有对生牦牛乳计量、冷藏、贮存的能力。

3.2.3 应具有与检测项目相对应的检测能力。

3.3 人员配置及要求

3.3.1 应配备与奶站规模相适应的生牦牛乳收购、检验、计量、管理人员。

3.3.2 相关人员应经过专业技术培训。

3.3.3 所有人员应具有健康证。

4 经营管理要求

4.1 人员职责

4.1.1 收奶员负责对生牦牛乳进行检验、称重、过滤、冷却处理，填写相关表格、记录。

4.1.2 运奶员负责将生牦牛乳按照规范运至乳制品加工企业。

4.1.3 押车员负责对生牦牛乳装运过程进行监督。

4.2 卫生管理

4.2.1 应建立设备设施的保养维护、清洗消毒等管理要求和措施。

4.2.2 应建立操作人员的卫生管理要求和措施。

4.2.3 收奶前后应对盛装容器、管道、接口和检验设备等进行清洗消毒。

4.2.4 收奶前后应对奶罐车进行清洗消毒。

4.2.5 卸奶后应及时对贮奶罐进行清洗消毒。如果清洗消毒后超过 24 h 未使用，再次使用前应重新清洗消毒。
4.3 牧户管理

应建立奶站供奶牧户记录，便于生乳质量追溯。

牦牛乳相关标准与规范

牦牛乳奶车清洗管理规范
Management Regulation for Yak Milk Truck Cleaning

标准号：RHB 814—2018
发布日期：2018-12-31　　　　　　　　　　实施日期：2018-12-31
发布单位：中国乳制品工业协会

前　言

为规范牦牛乳奶车的清洗操作，达到奶车清洗效果，避免生牦牛乳微生物污染，保证生牦牛乳质量和乳制品品质，特制定本行业规范。

本规范按照 GB/T 1.1—2009 的编写规则起草。

本规范由中国乳制品工业协会提出并归口。

本规范由中国农业大学、西藏高原之宝牦牛乳业股份有限公司、甘肃华羚乳品股份有限公司、若尔盖高原之宝牦牛乳业有限责任公司、青海高原之宝牦牛乳业有限公司、甘肃燎原乳业集团起草。

本规范主要起草人：任发政、彭云、敏永祥、王世全、马鹏举、姜岩世、毛学英、黄辉、王鹏杰、刘利平、罗洁、刘家敏、李依璇、宋礼、郭慧媛、李媛、刘治麟、葛绍阳。

牦牛乳奶车清洗管理规范

1 范围

本规范规定了牦牛乳奶车清洗的操作流程和要求。

本规范适用于牦牛乳加工企业奶车的清洗管理。

2 一般要求

2.1 清洗点

奶罐内壁、隔板、罐口、顶盖、出奶口、奶罐外部等。

2.2 清洗频次

对所有奶车每日进行蒸汽清洗或碱清洗,每周进行一次酸碱清洗。

3 操作流程和技术要求

3.1 蒸汽清洗

清水冲洗(温度 30~40℃,5~8 min)→蒸汽清洗(5 t 以下,5~8 min;5~10 t,10~15 min;10 t 及以上,15~18 min)。

3.2 碱清洗流程

清水冲洗(温度 30~40℃,5~8 min)→碱液清洗(浓度 1.5%~2.5%,温度 75~85℃,5~10 min)→清水冲洗(温度 30~40℃,10~15 min)。

3.3 酸碱清洗流程

清水冲洗(温度 30~40℃,5~8 min)→碱液清洗(浓度 1.5%~2.5%,温度 75~85℃,5~10 min)→清水冲洗(30~40℃,5~8 min)→酸液清洗(浓度 0.8%~1.5%,温度 35~65℃,5~10 min)→清水冲洗(温度 30~40℃,10~15 min)。

4 清洗验证

在奶车清洗后,清洗工用 pH 试纸对奶罐尾部出口滴流的残留液进行检测,呈现近中性(即 pH 6.5~7.5)则视为合格,否则需继续用清水冲洗直至中性。清洗合格后加铅封。

牦牛原料乳采收技术规范

标准号：T/QOAPA 004—2021
发布日期：2021-12-20　　　　　　　　实施日期：2022-01-01
发布单位：青海省有机畜产品协会

前　　言

本文件按照 GB/T 1.1—2020《标准化工作导则　第1部分：标准化文件的结构和起草规则》的规定起草。

本规范由青海省畜牧总站提出。

本标准起草单位：青海大学、青海省畜牧总站、祁连县农畜产品质量安全检验检测中心、青海省牦牛繁育推广服务中心。

本标准主要起草人：曹效海、罗增海、高庆超、常应九、秦玉峰、雒文捷、齐晨、张亚君、安梨红、乔元胜、刘耀耀。

本规范于 2020 年 7 月 15 日由青海省畜产品有机协会批准。

本规范于 2021 年 12 月 20 日首次发布。

牦牛原料乳采收技术规范

1 范围

本规范规定了生牦牛乳的术语和定义、技术要求、检验方法、挤乳、运输和贮存。本规范适用于牦牛乳采收。

2 规范性引用文件

下列文件对于本规范的应用是必不可少的。凡是注日期的引用文件，仅所注日期的版本适用于本规范。凡是不注日期的引用文件，其最新版本（包括所有的修改单）适用于本规范。

GB 2761　食品安全国家标准　食品中真菌毒素限量

GB 2762　食品中污染物限量

GB 2763　食品安全国家标准　食品中农药最大残留限量

GB 4789.2　食品安全国家标准　食品微生物学检验　菌落总数测定

GB 4789.18—2010　食品安全国家标准　食品微生物学检验　乳与乳制品检验

GB/T 4789.27　食品卫生微生物学检验　鲜乳中抗生素残留检验

GB 5009.5　食品安全国家标准　食品中蛋白质的测定

GB 5413.3　食品安全国家标准　婴幼儿配方食品和乳品中脂肪的测定

GB 5413.30　食品安全国家标准　乳和乳制品杂质度的测定

GB 5413.33　食品安全国家标准　生乳相对密度的测定

GB 5413.34　食品安全国家标准　乳和乳制品酸度的测定

GB 5413.39　食品安全国家标准　乳和乳制品中非脂乳固体的测定

RHB 801　生牦牛乳

3 术语和定义

牦牛原料乳

牦牛原料乳是指从海拔 2 800 m 以上天然草场自然放牧的健康母牦牛乳房中挤出的无任何成分改变的常乳。产犊后七天的初乳、应用抗生素期间和休药期间的乳汁、变质乳等不应为牦牛原料乳。

4 牦牛原料乳采收技术要点

4.1 工艺流程

设备清洗→牦牛检查→机械化挤奶→牦牛乳房药浴→设备清洗→收集牦牛乳→检验→称重→过滤→冷藏待运→冷链运输回厂。

4.2 操作要点

4.2.1 原料乳采收人员

应保持个人卫生，进入挤奶场所应洗手消毒、更衣、戴帽、戴口罩和戴手套。在采收、搬运、运输过程中不吸烟和随地吐痰。

4.2.2 设备清洗消毒

严格按照设备清洗规程对贮奶设备进行清洗、消毒，并保存有完整的清洗前后水温、冲洗时间、酸碱液浓度的记录；如果清洗消毒后超过 24 h 未使用，再次使用前应重新清洗消毒。

4.2.3 牦牛检查

用放入热水或消毒液中浸湿后的消毒毛巾对牦牛乳房进行擦洗、按摩。挤奶工挤掉头三把奶，判断牦牛是否患有乳房炎，疑似乳房炎的病牛停止采集。

4.2.4 挤奶

机械化挤奶：按照挤奶设备操作执行，机械化挤奶时挤奶工随时观察和巡视挤奶情况，防止掉杯和漏气。

允许手工挤奶，但必须严格洗手消毒。

4.2.5 牦牛乳房药浴

挤奶结束后，选择正规厂家生产的碘伏消毒液，有效碘含量为 4.5~5.5 g/L，碘伏消毒液与清洁水配制稀释比例为 1:4，对牦牛乳房进行药浴。

4.2.6 设备清洗

挤奶结束后 10 min 内将挤乳罐、挤奶管路的残留奶排尽；将清洗管路连接好，将挤奶杯组安放在清洗座上，挤奶设备处于清洗状态，清洗槽内按挤奶设备清洗用量准备 40℃ 的清水，打开挤奶设备清洗管阀门吸水清洗。清洗流程：挤奶结束→40℃ 清水冲洗 3~5 min→85℃ 清洗液（碱）循环清洗 5~10 min→40℃ 清水冲洗→85℃ 清洗液（酸）循环清洗 5~10 min→清水冲洗。

4.2.7 收集牦牛乳

贮奶罐采用食品级不锈钢材质，将牦牛原料乳立即收集。

5 牦牛原料乳质量要求

5.1 感官要求

色泽呈乳白色或微黄色；滋味、气味应具有牦牛乳固有的香味，无异味；组织状态呈均匀一致的液体，无凝块、无沉淀、无正常视力可见异物。

5.2 理化指标

应符合表 1 的规定

表 1 理化指标

项目		指标			检验方法
		一级	二级	三级	
蛋白质/（g/100 g）	≥	4.5	4.2	3.8	GB 5009.5
脂肪/（g/100 g）	≥	6.0	5.5	5.0	GB 5413.3
非脂乳固体/（g/100 g）	≥	11.0	10.0	9.0	GB 5413.39
相对密度（20℃/4℃）	≥	1.032	1.031	1.030	GB 5413.33

(续表)

项目		指标		检验方法
	一级	二级	三级	
杂质度/（mg/kg） ≤		4.0		GB 5413.30
酸度/°T ≤		16~22		GB 5413.34

5.3 污染物限量
应符合 GB 2762 的规定。

5.4 真菌毒素限量
应符合 GB 2761 的规定。

5.5 微生物限量
应符合 GB 4789.18—2010 的规定。

5.6 农药残留限量
农药残留限量应符合 GB 2763 及国家有关规定和公告。

5.7 兽药残留限量
兽药残留限量应符合国家有关规定和公告。

5.8 抗生素检验
按 GB/T 4789.27 检验，或使用商品试剂盒检验。

6 生产操作过程卫生要求

6.1 操作人员

生产操作人员应保持个人卫生，要养成良好的个人卫生习惯，进入工作场所应洗手消毒、更换清洁的工作服、戴帽、戴口罩和戴手套，不得化妆、戴首饰和手表等。在加工、包装场所不吸烟和随地吐痰，不得在加工和包装场所用餐和吃零食。

食品生产企业应制订体检计划，并设有体检档案，凡患有病毒性肝炎、活动性肺结核、伤寒、细菌性痢疾、化脓性或渗出性皮肤病患者、手外伤未愈合者等有碍食品卫生的疾病的不得参与直接接触食品的加工，痊愈后经体检合格后可重新上岗。

食品生产企业应制订卫生培训计划，定期对加工人员进行培训，并记录存档。

食品企业的生产人员（包括检验人员）的身体健康及卫生状况直接影响食品卫生质量。根据食品卫生管理法规定，凡从事食品生产的人员必须体检合格，并有健康证者方能上岗。

6.2 工作服、手套

应有专用的洗衣房集中清洗和消毒；洗衣设备、能力与实际相适应；不同清洁要求区域的工作服分开清洗；工作服每天必须清洗消毒，每个工人至少配备 2 套工作服；加工人员出车间、去卫生间，必须脱下工作服、帽和鞋靴。

食品加工企业的雇员是食品加工的直接操作者，其身体的健康与卫生状况，直接关系到产品的卫生质量。因此食品加工企业必须严格对生产人员，包括从事质量检验工作人员的卫生管理。对其检查记录包括：

①生产人员进入挤奶场所前的卫生检查记录,包括:生产人员工作服、鞋帽是否穿戴正确;是否化妆、头发外露、修剪手指甲等;个人卫生是否清洁、有无外伤、是否患病等;是否按程序进行洗手消毒等。

②食品企业必须具备生产人员健康合格证明及档案。

③食品加工企业必须具备卫生培训计划及培训记录。

6.3 加工设备与工器具的清洁

①每批次生产先彻底清洗。

②消毒(82℃热水,碱性清洁剂,含氯、酸、酶、消毒剂,余氯200 mg/kg浓度,紫外线,臭氧)。

③再冲洗。

④不同清洁度器具分开洗涤消毒。

6.4 加工环境空气消毒

①紫外线照射法:每10~15 m² 安装一盏30 W 紫外线灯,消毒时间不少于30 min,低于20℃、高于40℃、湿度大于60%时,要延长消毒时间。适用于更衣室、厕所等。

②臭氧消毒法:一般消毒1 h。适用于加工车间、更衣室等。

③药物熏蒸法:用过氧乙酸、甲醛,每平方米10 mL,适用于冷库、保温车等。

6.5 明确人流、物流、水流、气流方向

①人流:从高清洁区到低清洁区。

②物流:不造成交叉污染,可用时间、空间分隔。

③水流:从高清洁区到低清洁区。

④气流:入气控制、正压排气。

7 运输和贮运

采收奶基地应配置制冷罐,用于贮存鲜奶,生乳的运输和贮存应于密闭、洁净、经过消毒的保温奶槽车或符合食品安全要求的容器中,贮存温度为2~6℃。到达加工厂的鲜乳温度不高于10℃,运输时间不超过4 h。

藏北牦牛奶生产检验标准
Test standard for yak milk production in northern Tibet

标 准 号：T/HXCY 017—2020
发布日期：2020-05-19　　　　　　　　　　　实施日期：2020-05-20
发布单位：北京华夏草产业技术创新战略联盟

前　　言

本标准按 GB/T 1.1—2009 给出的规则起草。
本标准由北京华夏草业产业技术创新战略联盟提出并归口。
本标准起草单位：那曲市草原站，中国农业科学院农业环境与可持续发展研究所，西藏自治区农牧科学院草业科学研究所，中国农业大学。
本标准主要起草人：旦久罗布、次旦、干珠扎布、胡国铮、高清竹、参木友、杨富裕、水宏伟、吴红宝、何世丞、鲍宇红、谢文栋、严俊、张海鹏。
本标准为首次发布。
本文件的某些内容可能涉及专利。本文件的发布机构不承担识别这些专利的责任。

藏北牦牛奶生产检验标准

1 范围

本标准规定了巴氏杀菌牦牛奶、灭菌牦牛奶的要求、测试评价、检验、包装、运输及贮存。

本标准适用于以生乳为原料,经均质、杀菌（巴氏杀菌、灭菌）、冷却等工艺制成的巴氏杀菌牦牛奶、灭菌牦牛奶。

2 规范性引用文件

下列文件对于本文件的应用是必不可少的。凡是注日期的引用文件,仅所注日期的版本适用于本文件。凡是不注日期的引用文件,其最新版本（包括所有的修改单）适用于本文件。

GB 19645　食品安全国家标准　巴氏杀菌乳

GB 25190　食品安全国家标准　灭菌乳

GB 19301　食品安全国家标准　生乳

GB 2762　食品安全国家标准　食品中污染物限量

GB 2761　食品安全国家标准　食品中真菌毒素限量

GB/T 4789.26　食品卫生微生物学检验　罐头食品商业无菌的检验

GB/T 30642　食品抽样检验通用导则

3 术语和定义

下列术语和定义适用于本标准。

3.1 牦牛奶　yak milk

指生活在青藏高原3 000~5 000 m海拔的母牦牛所产的奶。

3.2 巴氏杀菌牦牛乳　pasteurized yak milk

仅以生牦牛乳为原料,经巴氏杀菌等工序制得的液体产品,参照GB 19645。

3.3 超高温灭菌牦牛乳　pasteurized milk

仅以生牦牛乳为原料,在连续流动的状态下,加热到至少132℃并保持很短时间的灭菌,再经无菌灌装等工序制成的液体产品,参照GB 25190的要求。

4 要求

4.1 原料要求

生牦牛乳参照GB 19301的要求。

4.2 感官指标

感官指标应符合表1的规定。

表 1 感官指标

项目	指标
色泽	呈牦牛乳固有的亮黄色或乳黄色
滋气味	具有牦牛奶固有的甜香味，无异味
组织状态	呈均匀一致的液体，无凝块、无分层、无沉淀
杂质	无肉眼可见的外来杂质

4.3 理化指标

理化指标应符合表2的规定。

表 2 理化指标

项目		指标
蛋白质/（g/100 mL）	≥	4.5
脂肪/（g/100 mL）	≥	5.5
乳糖/（g/100 mL）	≥	3.5
酸度/°T		14~17
总固形物/%	≥	16.00
铅（Pb）/（mg/L）	≤	0.05
总砷（以As计）/（mg/L）	≤	0.1
铜（Cu）/（mg/L）	≤	1.0
黄曲霉毒素M/（μg/kg）	≤	0.5

4.4 污染物限量

符合 GB 2762 的规定。

4.5 真菌毒素限量

符合 GB 2761 的规定。

4.6 微生物要求

巴氏杀菌牦牛乳参照 GB 19645 的要求。

灭菌牦牛乳符合商业无菌的要求，按 GB/T 4789.26 规定的方法检验。

5 检验

5.1 抽样

产品抽样参照 GB/T 30642 的要求。

5.2 出厂检验

每批产品出厂均须经厂质检部门检验合格，并出具检验合格证方可出厂。出厂检验项目为：感官指标、总固形物、脂肪、酸度、菌落总数、大肠菌群及净含量。

5.3 型式检验

型式检验项目为本标准规定的全部项目。正常生产时每半年进行一次,当产品定型投产时、生产工艺有较大改变,可能影响产品质量时、停产半年以上恢复生产时、出厂检验结果与上次型式检验结果有较大差异时、国家质量检验部门提出要求时,应亦进行型式检验。

5.4 判定规则

初检不合格时,可在同批产品中加倍取样进行复检。复检不合格项目,以复检结果为准,但微生物指标不得复检。

6 运输和贮存

运输工具及贮存场所应保持清洁、干燥,防止日晒、雨淋,产品堆放时必须有垫板,与墙壁距离 20 cm,与地面距离 10 cm,严禁与有毒、有害、有挥发气味的物品混存、混运。

牦牛酥油生产技术规范

标 准 号：T/QOAPA 001—2021
发布日期：2021-12-20　　　　　　　　　实施日期：2022-01-01
发布单位：青海省有机畜产品协会

前　　言

本文件按照 GB/T 1.1—2020《标准化工作导则　第 1 部分：标准化文件的结构和起草规则》的规定起草。

本规范由青海省畜牧总站提出。

本规范起草单位：青海省畜牧总站、青海大学、祁连县农牧业产业发展有限公司、泽库县畜牧兽医站、青海省畜禽遗传资源保护利用中心、祁连县阿柔乡畜牧兽医站。

本规范主要起草人：罗增海、曹效海、周海平、马进寿、官却扎西、宋敞珠、张亚君、万玛加、王芳、周柏成、朱顺莲。

本规范于 2020 年 7 月 15 日由青海省有机畜产品协会批准。

本规范于 2021 年 12 月 20 日首次发布。

牦牛酥油生产技术规范

1 范围

本规范规定了牦牛酥油的术语和定义、生产工艺、技术要求、关键工艺环节及控制参数、生产规范及标签和标志、包装、贮存、运输等方面的要求。

本规范适用于牦牛酥油的生产、销售。

2 规范性引用文件

下列文件对于本文件的应用是必不可少的。凡是注日期的引用文件，仅所注日期的版本适用于本文件。凡是不注日期的引用文件，其最新版本（包括所有的修改单）适用于本文件。

GB 191　包装储运图示标志

GB 2760　食品添加剂使用卫生标准

GB 5749　生活饮用水卫生标准

GB 6388　运输包装收发货标志

GB/T 6543　运输包装用单瓦楞纸箱和双瓦楞纸箱

GB 7718　预包装食品标签通则

GB 9681　食品包装用聚氯乙烯成型品卫生标准

GB 9687　食品包装用聚乙烯成型品卫生标准

GB 9688　食品包装用聚丙烯成型品卫生标准

GB 9689　食品包装用聚苯乙烯成型品卫生标准

GB 12693　食品安全国家标准　乳制品良好生产规范

RHB 801　生牦牛乳

JF 1070　定量包装商品净含量计量检验规则

3 术语和定义

下列术语和定义适用于本文件。

3.1 牦牛酥油

以高原牦牛乳为原料（包括经发酵或非发酵），经乳化分离，冷却成型生产的一种食用脂肪制品。

3.2 分奶机

传统为手动搅拌分离装置，由木桶和搅拌装置组成。通过手动搅拌装置搅拌牦牛乳可从牦牛乳中分离提取脂肪。

4 生产工艺

4.1 技术工艺

原料牦牛乳→过滤→加热→分离→模具冷却成型→包装→贴标→贮藏。

4.2 技术要点

4.2.1 原料牦牛乳：选取新鲜牦牛乳采集，容器经开水烫洗后晾干，热水洗手，戴帽、口罩和手套，75%酒精或热毛巾擦拭牦牛乳头；

4.2.2 过滤：筛网开水冲洗干净后晾干，将牦牛乳经200目筛网过滤；

4.2.3 加热：将牦牛乳加热至15~20℃；

4.2.4 分离：将热好的牦牛乳加入自动分奶机中，或加入至传统酥油分离木桶，藏语名"雪董"中，使用木质活塞，藏语名"甲洛"，手动上下搅拌，打致酥油分离出，再用手反复揉捏，将残留水分、乳汁等清除干净；

4.2.5 成型包装：模型事先开水烫泡，晾干。将酥油坨放入模型成型，或放入完整的牛羊肚中，或用热水洗净的牛羊皮缝制。

4.2.6 贮藏：采取上述包装材料及方式4℃低温贮存3个月，-18℃冻藏24个月。

4.3 技术要求

4.3.1 原辅料要求

4.3.1.1 牦牛乳

牦牛乳应符合RHB 801—2012的要求，符合GB 6914和GB 19301的要求。

4.3.1.2 加工用水

应符合GB 5749的要求。

4.3.2 食品添加剂

4.3.2.1 使用的食品添加剂质量应符合相关国家标准要求。

4.3.2.2 食品添加剂的使用范围和食用量应符合GB 2760的规定。

4.3.3 牦牛酥油质量要求

酥油的形态为柔软适中、均匀细腻、无孔隙、横截面整齐，无析水现象；色泽为乳白色或微黄色，色泽均匀；滋味与气味应具有纯正乳香味，无其他不良气味，无肉眼可见杂质。水分/%（干基计）≤14.0、乳脂肪/%≥84.0、非脂乳固体/%≤2.0。

5 净含量及允许短缺量

应符合国家质量监督检验检疫总局令第75号《定量包装商品计量监督管理办法》的规定。

6 生产加工过程卫生要求

6.1 加工人员

生产操作人员应保持个人卫生，要养成良好的个人卫生习惯，进入工作场所应洗手消毒、更换清洁的工作服、戴帽、戴口罩和戴手套，不得化妆、戴首饰和手表等。在加工、包装场所不吸烟和随地吐痰，不得在加工和包装场所用餐和吃零食。

食品生产企业应制订体检计划，并设有体检档案，凡患有病毒性肝炎、活动性肺结核、伤寒、细菌性痢疾、化脓性或渗出性皮肤病患者、手外伤未愈合者等有碍食品卫生的疾病的不得参与直接接触食品的加工，痊愈后经体检合格后可重新上岗。

食品生产企业应制订卫生培训计划，定期对加工人员进行培训，并记录存档。

食品企业的生产人员（包括检验人员）的身体健康及卫生状况直接影响食品卫生

质量。根据食品卫生管理法规定，凡从事食品生产的人员必须体检合格，并有健康证者方能上岗。

6.2 工作服、手套

应有专用的洗衣房集中清洗和消毒；洗衣设备、能力与实际相适应；不同清洁要求区域的工作服分开清洗；工作服每天必须清洗消毒，一般每个工人至少配备 2 套工作服；加工人员出车间、去卫生间，必须脱下工作服、帽和鞋靴；

食品加工企业的雇员是食品加工的直接操作者，其身体的健康与卫生状况，直接关系到产品的卫生质量。因此食品加工企业必须严格对生产人员，包括从事质量检验工作人员的卫生管理。对其检查记录包括：

①生产人员进入车间前的卫生检查记录，包括：生产人员工作服、鞋帽是否穿戴正确；是否化妆、头发外露、修剪手指甲等；个人卫生是否清洁、有无外伤、是否患病等；是否按程序进行洗手消毒等。

②食品企业必须具备生产人员健康合格证明及档案。

③食品加工企业必须具备卫生培训计划及培训记录。

6.3 加工设备与工器具的清洁

①每批次生产先彻底清洗。

②消毒（82℃热水，碱性清洁剂，含氯、酸、酶、消毒剂，余氯 200 mg/kg 浓度，紫外线，臭氧）。

③再冲洗。

④不同清洁度器具分开洗涤消毒。

6.4 加工环境空气消毒

①紫外线照射法：每 10~15 m² 安装一盏 30 W 紫外线灯，消毒时间不少于 30 min，低于 20℃、高于 40℃、湿度大于 60%时，要延长消毒时间。适用于更衣室、厕所等。

②臭氧消毒法：一般消毒 1 h。适用于加工车间、更衣室等。

③药物熏蒸法：用过氧乙酸、甲醛，每平方米 10 mL，适用于冷库、保温车等。

6.5 明确人流、物流、水流、气流方向

①人流：从高清洁区到低清洁区。

②物流：不造成交叉污染，可用时间、空间分隔。

③水流：从高清洁区到低清洁区。

④气流：入气控制、正压排气。

7 标志、包装、运输、贮存

7.1 标签和标志

内包装标签应符合 GB 7718 和《食品标识管理规定》的规定。

外包装标志应符合 GB 6388 规定。

7.2 包装

产品外包装为瓦楞纸箱，外包装箱应符合 GB/T 6543 的规定。

产品内包装应符合 GB 9681、GB 9687、GB 9688、GB 9689 等的规定。

包装要牢固、防潮、整洁、美观、无异气味，便于装卸、仓储和运输。

7.3 运输

产品运输工具应清洁无污染，运输产品时应避免日晒、雨淋，不得与有毒、有害、有异味或影响产品质量的物品混装混运。

搬运时应轻拿轻放，严禁扔摔、撞击、挤压。

7.4 贮存

产品应贮存在阴凉、通风、干燥的成品库中，离地离墙存放。不得与有毒、有害、有异味、易挥发、易腐蚀的物品混储。

牦牛曲拉生产技术规范

标 准 号：T/QOAPA 002—2021
发布日期：2021-12-20　　　　　　　　实施日期：2022-01-01
发布单位：青海省有机畜产品协会

前　言

本文件按照 GB/T 1.1—2020《标准化工作导则　第 1 部分：标准化文件的结构和起草规则》的规定起草。

本规范由青海省畜牧总站提出。

本规范起草单位：青海省畜牧总站、青海大学、青海省饲草料技术推广站、贵南县畜牧兽医工作站。

本规范主要起草人：罗增海、曹效海、安梨红、刘耀耀、常应九、杜雪燕、王廷艳、李元海、陈永伟、韩明清、方永嵘。

本规范于 2020 年 7 月 15 日由青海省畜产品有机协会批准。

本规范于 2021 年 12 月 20 日首次发布。

牦牛曲拉生产技术规范

1 范围

本规范规定了牦牛曲拉的术语和定义、生产工艺、技术要求、关键工艺环节及控制参数、生产规范及标签和标志、包装、贮存、运输的要求。

本规范适用于牦牛曲拉的生产、销售。

2 规范性引用文件

下列文件对于本文件的应用是必不可少的。凡是注日期的引用文件，仅所注日期的版本适用于本文件。凡是不注日期的引用文件，其最新版本（包括所有的修改单）适用于本文件。

GB 191　包装储运图示标志

GB 2760　食品添加剂使用卫生标准

GB 5420—2010　食品安全国家标准　干酪

GB 5749　生活饮用水卫生标准

GB 6388　运输包装收发货标志

GB/T 6543　运输包装用单瓦楞纸箱和双瓦楞纸箱

GB 7718　预包装食品标签通则

GB 9681　食品包装用聚氯乙烯成型品卫生标准

GB 9687　食品包装用聚乙烯成型品卫生标准

GB 9688　食品包装用聚丙烯成型品卫生标准

GB 9689　食品包装用聚苯乙烯成型品卫生标准

GB 12693　食品安全国家标准乳制品良好生产规范

QB/T 4575　食品加工用乳酸菌

RHB 801　生牦牛乳

JJF1070　定量包装商品净含量计量检验规则

3 术语和定义

牦牛曲拉

将牦牛乳打酥油时脱脂、发酵、加热、凝固、整理成型或不成型、脱水干燥所得的乳制品。

4 生产工艺

4.1 技术工艺

原料处理→杀菌→发酵、酸化→加热凝块→梯度冲洗→挤压脱水→干燥→检测→包装→入库贮藏。

4.2 技术要点

4.2.1 原料处理：将牦牛原料乳用3~4层经过杀菌的干净纱布或者粗白布过滤，并置于40~50℃预热，促进脂肪脱出，得到脱脂乳；

4.2.2 杀菌：将脱脂乳置于灭菌后的干净容器中进行水浴杀菌，使脱脂乳温度控制在63~72℃之内，保温30 min，或者75~85℃内，保温15~20 min，或者85℃以上，保温15 min，或者直接加热煮开5 min杀菌；

4.2.3 发酵、酸化：杀菌后的脱脂乳快速降温至40~45℃，并快速转入消毒后的保温桶内，按1.0~6.0 g/kg的接种量加入菌种，搅拌均匀，将保温桶加盖35~40℃进行发酵，发酵24~48 h，发酵终点pH值为5.3~5.7，停止发酵，得到曲拉凝块；

4.2.4 加热凝块：将发酵好的曲拉凝块进行50~60℃加热20~40 min，得到排出乳清的曲拉凝块；

4.2.5 梯度冲洗：将排出乳清的曲拉凝块进行梯度温水冲洗，得到冲洗后的曲拉凝块；

4.2.6 挤压脱水：将冲洗过的曲拉凝块置于带有20~60目滤布的灭菌容器中，加盖沥水，直至无明显水滴滴落；

4.2.7 干燥：将沥水过的凝固物分散成0.5~1.0 cm的小颗粒，均匀平摊于具有不锈钢筛底的托盘中，厚度1~3 cm，然后置于干燥箱中45~55℃烘干；

4.2.8 检测：对牦牛乳曲拉中微生物指标、理化指标及营养指标进行检测；

4.2.9 包装：选择避光袋真空包装，从而得到牦牛乳曲拉，并进行贴标；

4.2.10 入库贮藏：采取上述包装材料及方式常温贮存3个月，冷藏6个月。

4.3 技术要求

4.3.1 原辅料要求

4.3.1.1 牦牛乳

牦牛乳应符合RHB 801的规定。

4.3.1.2 乳酸菌

应符合QB/T 4575的规定。

4.3.1.3 其他辅料

应符合相关的国家标准和行业标准的规定。

4.3.2 食品添加剂

4.3.2.1 使用的食品添加剂质量应符合相关国家标准要求。

4.3.2.2 食品添加剂的使用范围和食用量应符合GB 2760的规定。

4.3.3 牦牛曲拉质量要求

牦牛曲拉切面质地应均匀细腻，致密，无裂缝和脆硬等现象；色泽呈乳白色或淡黄色，色泽基本均匀；滋味与气味具有品种特有的优良香味，微酸，无任何外来气味；无肉眼可见杂质。水分/%（干基计）≤15.0、脂肪/%≤8.0、蛋白质/%≤70.0、乳糖/%≤10.0。

5 净含量及允许短缺量

应符合国家质量监督检验检疫总局令第75号《定量包装商品计量监督管理办法》的规定。

6 生产加工过程卫生要求

6.1 加工人员

生产操作人员应保持个人卫生，要养成良好的个人卫生习惯，进入工作场所应洗手消毒、更换清洁的工作服、戴帽、戴口罩和戴手套，不得化妆、戴首饰和手表等。在加工、包装场所不吸烟和随地吐痰，不得在加工和包装场所用餐和吃零食。

食品生产企业应制订体检计划，并设有体检档案。

食品生产企业应制订卫生培训计划，定期对加工人员进行培训，并记录存档。

从事食品生产的人员必须体检合格，并有健康证者方能上岗。

6.2 工作服、手套

应有专用的洗衣房集中清洗和消毒；洗衣设备、能力与实际相适应；不同清洁要求区域的工作服分开清洗；工作服每天必须清洗消毒，每个工人至少配备 2 套工作服；加工人员出车间、去卫生间，必须脱下工作服、帽和鞋靴；

食品加工企业的雇员是食品加工的直接操作者，其身体的健康与卫生状况，直接关系到产品的卫生质量。因此食品加工企业必须严格对生产人员，包括从事质量检验工作人员的卫生管理。对其检查记录包括：

①生产人员进入车间前的卫生检查记录，包括：生产人员工作服、鞋帽是否穿戴正确；是否化妆、头发外露、修剪手指甲等；个人卫生是否清洁、有无外伤、是否患病等；是否按程序进行洗手消毒等。

②食品企业必须具备生产人员健康合格证明及档案。

③食品加工企业必须具备卫生培训计划及培训记录。

6.3 加工设备与工器具的清洁

①每批次生产先彻底清洗。

②消毒（82℃热水，碱性清洁剂，含氯、酸、酶、消毒剂，余氯 200 mg/kg 浓度，紫外线，臭氧）。

③再冲洗。

④不同清洁度器具分开洗涤消毒。

6.4 加工环境空气消毒

①紫外线照射法：每 10~15 m² 安装一盏 30 W 紫外线灯，消毒时间不少于 30 min，低于 20℃、高于 40℃、湿度大于 60% 时，要延长消毒时间。适用于更衣室、厕所等。

②臭氧消毒法：一般消毒 1 h。适用于加工车间、更衣室等。

③药物熏蒸法：用过氧乙酸、甲醛，每平方米 10 mL，适用于冷库、保温车等。

6.5 明确人流、物流、水流、气流方向

①人流：从高清洁区到低清洁区。

②物流：不造成交叉污染，可用时间、空间分隔。

③水流：从高清洁区到低清洁区。

④气流：入气控制、正压排气。

7 标志、包装、运输、贮存

7.1 标签和标志

内包装标签应符合 GB 7718 和《食品标识管理规定》的规定。外包装标志应符合 GB 6388 规定。

7.2 包装

产品外包装为瓦楞纸箱,外包装箱应符合 GB/T 6543 的规定。

产品内包装应符合 GB 9681、GB 9687、GB 9688、GB 9689 等的规定。

包装要牢固、防潮、整洁、美观、无异气味,便于装卸、仓储和运输。

7.3 运输

产品运输工具应清洁无污染,运输产品时应避免日晒、雨淋,不得与有毒、有害、有异味或影响产品质量的物品混装混运。

搬运时应轻拿轻放,严禁扔摔、撞击、挤压。

7.4 贮存

产品应贮存在阴凉、通风、干燥的成品库中,离地离墙存放。不得与有毒、有害、有异味、易挥发、易腐蚀的物品混储。

牦牛酸奶生产技术规范

标 准 号：T/QOAPA 003—2021
发布日期：2021-12-20　　　　　　　　　实施日期：2022-01-01
发布单位：青海省有机畜产品协会

前　言

本文件按照 GB/T 1.1—2020《标准化工作导则　第 1 部分：标准化文件的结构和起草规则》的规定起草。

本规范由青海省畜牧总站提出。

本规范起草单位：青海大学、青海省畜牧总站、祁连县农牧水利科技和乡村振兴局。

本规范主要起草人：曹效海、罗增海、马进寿、官却扎西、安梨红、王晓燕、马艳圆、高庆超、马贵栋、宋敝珠、德乾恒美。

本规范于 2020 年 7 月 15 日由青海省畜产品有机协会批准。

本规范于 2021 年 12 月 20 日首次发布。

牦牛乳相关标准与规范

牦牛酸奶生产技术规范

1 范围

本规范规定了牦牛酸奶的术语和定义、生产工艺、技术要求、关键工艺环节及控制参数、生产规范及标签和标志、包装、贮存、运输的要求。

本规范适用于牦牛酸奶的生产、检验与销售。

2 规范性引用文件

下列文件对于本规范的应用是必不可少的。凡是注日期的引用文件，仅所注日期的版本适用于本规范。凡是不注日期的引用文件，其最新版本（包括所有的修改单）适用于本规范。

GB 574　加工用水

GB 6388　运输包装收发货标志

GB/T 6543　运输包装用单瓦楞纸箱和双瓦楞纸箱

GB 7718　预包装食品标签通则

GB 9681　食品包装用聚氯乙烯成型品卫生标准

GB 9687　食品包装用聚乙烯成型品卫生标准

GB 9688　食品包装用聚丙烯成型品卫生标准

GB 9689　食品包装用聚苯乙烯成型品卫生标准

GB 12693—2010　食品安全国家标准　乳制品良好生产规范

GB 14880　食品安全国家标准　食品中营养强化剂的测定

GB 14881　规模化生产加工过程卫生应符合的要求

GB 19301　生乳

RHB 801　生牦牛乳

QB/T 4575　食品加工用乳酸菌

JJF 1070　定量包装商品净含量计量检验规则

3 术语和定义

3.1 牦牛发酵乳　fermented milk

以鲜牦牛乳为原料，经杀菌、发酵后制成的pH值降低的产品。

3.1.1 牦牛酸乳

以鲜牦牛乳为原料，经杀菌、接种嗜热链球菌和保加利亚乳杆菌（德氏乳杆菌保加利亚亚种）发酵制成的产品。

3.2 牦牛风味发酵乳

以80%以上生牦牛乳或牦牛乳粉为原料，添加其他原料，经杀菌、发酵后pH值降低，发酵前或后添加或不添加食品添加剂、营养强化剂、果蔬、谷物等制成的产品。

3.2.1 牦牛风味酸乳

以 80% 以上生牦牛乳或牦牛乳粉为原料，添加其他原料，经杀菌、接种嗜热链球菌和保加利亚乳杆菌（德氏乳杆菌保加利亚亚种）发酵前或后添加或不添加食品添加剂、营养强化剂、果蔬、谷物等制成的产品。

4 生产技术

4.1 技术工艺

鲜牦牛乳→过滤→配料→杀菌→冷却→加入发酵菌种→发酵→冷藏→成品。

4.2 技术要点

4.2.1 鲜牦牛乳：牦牛乳应符合 RHB 801 和 GB 19301 的规定。

4.2.2 过滤：将所述牦牛乳用干净消毒灭菌的三层或四层纱布过滤处理。

4.2.3 配料：将白砂糖、稳定剂与牦牛乳搅拌均匀，形成原料奶。

4.2.4 杀菌：将上述步骤得到的原料奶巴氏杀菌，将温度控制在 80~85℃ 维持 30~40 min。

4.2.5 降温接菌种：把所述原料奶的温度降至 37~40℃，将菌种接种到所述原料奶中。

4.2.6 发酵：将所述原料奶进行发酵，得到牦牛酸奶。

4.3 技术要点

4.3.1 原料要求

4.3.1.1 生乳

应符合 RHB 801 和 GB 19301 的规定。

4.3.1.2 其他原料

应符合相应安全标准和/或有关规定。

4.3.1.3 发酵菌种

保加利亚乳杆菌（德氏乳杆菌保加利亚亚种）、嗜热链球菌或其他由国务院卫生行政部门批准使用的菌种。

4.3.2 食品添加剂和营养强化剂

使用的食品添加剂和营养强化剂质量应符合相关国家标准要求。食品添加剂和营养强化剂的使用应符合 GB 2760 和 GB 14880 的规定。

4.3.3 牦牛酸奶质量要求

牦牛酸奶应具有组织细腻、均匀，允许有少量乳清析出；发酵乳应色泽均匀一致，呈乳白色或微黄色；风味发酵乳具有与添加成分相符的色泽；发酵乳具有发酵乳特有的滋味、气味；风味发酵乳具有与添加成分相符的滋味和气味。全脂发酵乳脂肪/% ≥ 3.1（全脂风味发酵乳脂肪/% ≥ 2.5）、酸度/°T ≥ 70.0、发酵乳非脂乳固体/% ≥ 8.1（风味发酵乳非脂乳固体含量不做要求）、发酵乳蛋白质/% ≥ 2.9（风味发酵乳蛋白质/% ≥ 2.3）、乳酸菌数 ≥ $1×10^6$ CFU/g（mL），但发酵后经热处理的牦牛酸奶对乳酸菌数不作要求。

5 净含量及允许短缺量

应符合国家质量监督检验检疫总局令第 75 号《定量包装商品计量监督管理办法》

的规定。

6 生产加工过程卫生要求

6.1 加工人员

生产操作人员应保持个人卫生,要养成良好的个人卫生习惯,进入工作场所应洗手消毒、更换清洁的工作服、戴帽、戴口罩和戴手套,不得化妆、戴首饰和手表等。在加工、包装场所不吸烟和随地吐痰,不得在加工和包装场所用餐和吃零食。

食品生产企业应制订体检计划,并设有体检档案,凡患有病毒性肝炎、活动性肺结核、伤寒、细菌性痢疾、化脓性或渗出性皮肤病患者、手外伤未愈合者等有碍食品卫生的疾病的不得参与直接触食品的加工,痊愈后经体检合格后可重新上岗。

食品生产企业应制订卫生培训计划,定期对加工人员进行培训,并记录存档。

食品企业的生产人员(包括检验人员)的身体健康及卫生状况直接影响食品卫生质量。根据食品卫生管理法规定,凡从事食品生产的人员必须体检合格,并有健康证者方能上岗。

6.2 工作服、手套

应有专用的洗衣房集中清洗和消毒;洗衣设备、能力与实际相适应;不同清洁要求区域的工作服分开清洗;工作服每天必须清洗消毒,一般每个工人至少配备2套工作服;加工人员出车间、去卫生间,必须脱下工作服、帽和鞋靴。

食品加工企业的雇员是食品加工的直接操作者,其身体的健康与卫生状况,直接关系到产品的卫生质量。因此食品加工企业必须严格对生产人员,包括从事质量检验工作人员的卫生管理。对其检查记录包括:

①生产人员进入车间前的卫生检查记录,包括:生产人员工作服、鞋帽是否穿戴正确;是否化妆、头发外露、修剪手指甲等;个人卫生是否清洁、有无外伤、是否患病等;是否按程序进行洗手消毒等。

②食品企业必须具备生产人员健康合格证明及档案。

③食品加工企业必须具备卫生培训计划及培训记录。

6.3 加工设备与工器具的清洁

①每批次生产先彻底清洗。

②消毒(82℃热水,碱性清洁剂,含氯、酸、酶、消毒剂,余氯200 mg/kg浓度,紫外线,臭氧)。

③再冲洗。

④不同清洁度器具分开洗涤消毒。

6.4 加工环境空气消毒

①紫外线照射法:每10~15 m² 安装一盏30 W 紫外线灯,消毒时间不少于30 min,低于20℃、高于40℃、湿度大于60%时,要延长消毒时间。适用于更衣室、厕所等。

②臭氧消毒法:一般消毒1 h。适用于加工车间、更衣室等。

③药物熏蒸法:用过氧乙酸、甲醛,每平方米10 mL,适用于冷库、保温车等。

6.5 明确人流、物流、水流、气流方向

①人流:从高清洁区到低清洁区。

②物流：不造成交叉污染，可用时间、空间分隔。
③水流：从高清洁区到低清洁区。
④气流：入气控制、正压排气。

7 标志、包装、运输、贮存

7.1 标签和标志

内包装标签应符合 GB 7718 和《食品标识管理规定》的规定。外包装标志应符合 GB 6388 规定。

7.2 包装

产品外包装为瓦楞纸箱，外包装箱应符合 GB/T 6543 的规定。

产品内包装应符合 GB 9681、GB 9687、GB 9688、GB 9689 等的规定。

包装要牢固、防潮、整洁、美观、无异气味，便于装卸、仓储和运输。

7.3 运输

产品运输工具应清洁无污染，运输产品时应避免日晒、雨淋，不得与有毒、有害、有异味或影响产品质量的物品混装混运。

搬运时应轻拿轻放，严禁扔摔、撞击、挤压。

7.4 贮存

产品应贮存在阴凉、通风、干燥的成品库中，离地离墙存放。不得与有毒、有害、有异味、易挥发、易腐蚀的物品混储。

牦牛乳相关标准与规范

牦牛奶皮子加工技术规范

标准号：T/QOAPA 011—2021
发布日期：2021-12-20　　　　　　　　实施日期：2022-01-01
发布单位：青海省有机畜产品协会

前　　言

本文件按照 GB/T 1.1—2020《标准化工作导则　第 1 部分：标准化文件的结构和起草规则》的规定起草。

请注意本文件的某些内容可能涉及专利。本文件的发布机构不承担识别专利的责任。本文件由青海省畜牧兽医科学院提出。

本文件起草单位：青海省畜牧兽医科学院、祁连县农牧水利科技和乡村振兴局、泽库县畜牧兽医站、青海省畜牧总站。

本标准主要起草人：李升升、魏廷虎、张雁平、胡勇、阿保地、郝云晴、永措巴占、马贵栋、万玛加、张亚君、王得元。

本规范于 2020 年 7 月 15 日由青海省畜产品有机协会批准。本规范于 2021 年 12 月 20 日首次发布。

三、牦牛乳产品生产技术规范

牦牛奶皮子加工技术规范

1 范围

本文件规定了牦牛奶皮子的术语和定义、生鲜牦牛乳收购要求、技术要点、加工过程中卫生要求、标签与标识、净含量、贮存和运输等技术要求。

本标准适用于牦牛奶皮子的加工和生产。

2 规范性引用文件

下列文件对于本文件的应用是必不可少的。凡是注明日期的引用文件，仅注日期的版本适于本文件。凡是不注明的引用文件，其最新版本（包括所有的修改单）适用于本标准。

GB 4806.1 食品安全国家标准 食品接触材料及制品通用安全要求

GB 7718 食品安全国家标准 预包装食品标签通则

GB 12693 食品安全国家标准 乳制品良好生产规范

GB 19031 食品安全国家标准 生乳

GB/T 191 包装储运图示标志

JJF 1070 定量包装商品净含量计量检验规则

国家质量监督检验检疫总局令第75号《定量包装商品计量监督管理办法》

国家质量监督检验检疫总局〔2007〕第102号令《食品标识管理规定》

3 术语和定义

下列术语和定义适用于本标准。

3.1 奶皮子

以牦牛奶为原料，经加热、扬乳、保温、冷却、成型、干燥或不干燥等工艺制成的传统乳制品。

4 生鲜牦牛乳收购要求

4.1 收购牦牛奶的牦牛群体应是健康牛群。

4.2 收购牦牛奶应符合GB 19301的要求。

4.3 挤奶前，挤奶设备、器具均应严格消毒，挤奶员应身着清洁、消毒后的工作服、帽、鞋。

4.4 挤奶前用前药浴对乳头进行药浴，药浴时间持续30 s以上；挤奶后用后药浴对乳头进行药浴，要以覆盖整个乳头2/3以上。

5 技术要点

5.1 净乳

牦牛奶经称量后，过滤除杂。

5.2 加热煮沸

过滤后的牦牛奶置于锅中温和加热至沸腾，同时进行搅拌，避免焦糊；加热温度

85~90℃。

5.3 扬乳起泡

沸腾后,用勺子翻扬(搅拌)牦牛奶形成尽可能多的奶泡;当乳液表面产生大量奶泡后,停止翻扬(搅拌)。

5.4 保温

以中火保温保持4~6 h,期间不得沸腾;保温使乳脂上浮,牦牛奶液面形成一层具有一定厚度和硬度的皮膜。

5.5 冷却

停火冷却,待奶皮子形成;用刀沿锅边划开,脂肪层向里,以折叠式对折,置于容器上。

5.6 干燥

在阴凉通风处自然干燥,干燥过程中定期翻动,避免因受热不均而变质。

6 包装

6.1 产品包装材料应清洁、无异味,直接接触材料应符合 GB 4806.1 要求。

6.2 包装要牢固、防潮、整洁、美观、无异气味,便于装卸、仓储和运输。

7 加工过程中卫生要求

奶皮子加工环境及相关操作人员卫生要求应符合 GB 12693 的规定。

7.1 人员要求

7.1.1 应建立加工人员卫生检查制度。

7.1.2 进入加工区域,应规范穿着洁净的工作服,并按要求洗手、消毒;头发应藏于工作帽内不外露。

7.1.3 进入加工区域不应配戴饰物、手表,不应化妆、染指甲、喷洒香水;不得携带或存放与食品生产无关的个人用品。

7.1.4 操作前、如厕后、接触可能污染食品的物品、或从事与食品生产无关的其他活动,再次从事接触食品、食品工器具、食品设备等与食品生产相关的活动前应洗手消毒;生产加工、操作过程中应保持手部清洁。

7.1.5 从事挤奶、收购、加工的相关人员每年应进行健康检查,取得健康证明方可上岗。

7.1.6 从事挤奶、收购、加工的人员如患有痢疾、伤寒、甲型病毒性肝炎、戊型病毒性肝炎等消化道传染病,以及患有活动性肺结核、化脓性或者渗出性皮肤病等有碍食品安全的疾病不得上岗,痊愈后经体检合格后可重新上岗。

7.2 生产环境及设施卫生要求

7.2.1 厂房内各项设施应保持清洁,及时维修或更新;厂房屋顶、天花板及墙壁有破损时,应立即修补,地面不应有破损或积水。

7.2.2 用于牛奶收购、加工、包装、贮存和运输等的设备及工器具、生产用管道、食品接触面,应定期清洗和消毒。清洗和消毒作业时应注意防止污染食品、食品接触面及内包装材料。

7.2.3 已清洗和消毒过的可移动设备和用具，应放在能防止其食品接触面再受污染的适当场所，并保持适用状态。

7.3 清洁和消毒

7.3.1 应制定有效的消毒和清洁程序，以保证食品加工场所、设备和设施的清洁卫生，防止食品污染。

7.3.2 依据用途和操作进行不同的清洁和消毒方法；用于清洁和消毒的设备、用具应放置在专用场所妥善保管。

7.3.3 应对清洁和消毒程序进行记录，如洗涤剂和消毒剂的品种、作用时间、浓度、对象、温度等。

8 标签与标识

成品标签应符合 GB 7718 和《食品标识管理规定》的规定；包装储运图示标志应符合 GB/T 191 的要求。

9 净含量

符合 JJF 1070 和国家质量监督检验检疫总局令第 75 号《定量包装商品计量监督管理办法》要求。

10 贮存

成品产品应贮存在阴凉、通风、干燥的成品库中，不得与有毒、有害、有异味、易挥发、易腐蚀物品混放。

11 运输

产品运输工具应清洁无污染，运输产品时应避免日晒、雨淋，不得与有毒、有害、有异味或影响产品质量的物品混装混运。搬运时应轻拿轻放，严禁扔摔、撞击、挤压。

四、牦牛乳检测方法标准

乳及乳制品中牛（家牛、牦牛和水牛）和羊（山羊和绵羊）源性成分定性检测方法 实时荧光 PCR 法

Qualitative detection of bovine（Bos taurus, Bubalus bubalus and Bos grunniens）and ovine（Ovis aries and Capra hircus）derived ingredients in milk and dairy products—Real time PCR method

标 准 号：T/CNHFA 002—2022
发布日期：2022-06-22　　　　　　实施日期：2022-07-01
发布单位：中国营养保健食品协会

前　言

本文件按照 GB/T 1.1—2020《标准化工作导则　第 1 部分：标准化文件的结构和起草规则》的规定起草。

请注意本文件的某些内容可能涉及专利。本文件的发布机构不承担识别这些专利的责任。

本文件由海普诺凯营养品有限公司提出。

本文件由中国营养保健食品协会归口。

本文件起草单位：海普诺凯营养品有限公司、中国检验检疫科学研究院、中国检验检疫科学研究院粤港澳大湾区研究院。

本文件主要起草人：侯艳梅、杨艳歌、刘鸣畅、吴亚君、吴桐、王云帆、谢奎、王迎春、王洪越、王丹丹、吴占文、王帅。

乳及乳制品中牛（家牛、牦牛和水牛）和羊（山羊和绵羊）源性成分定性检测方法 实时荧光 PCR 法

1 范围

本文件规定了乳及乳制品中牛（家牛、牦牛和水牛）、羊（山羊和绵羊）源成分以及家牛、牦牛、水牛、山羊、绵羊单一乳源成分的实时荧光 PCR 定性检测方法，方法的最低检出限为 1%（配料质量比）。

本文件适用于乳及乳制品中牛（家牛、牦牛和水牛）、羊（山羊和绵羊）以及家牛、牦牛、水牛、山羊、绵羊源性成分的定性检测，适用的产品类别包括液态乳（巴氏杀菌乳、高温杀菌乳、调制乳、灭菌乳、发酵乳）、乳粉（全脂乳粉、脱脂乳粉、部分脱脂乳粉、调制乳粉、乳清粉）、婴幼儿配方乳粉等。

2 规范性引用文件

下列文件中的内容通过文中的规范性引用而构成本文件必不可少的条款。其中，注日期的引用文件，仅该日期对应的版本适用于本文件；不注日期的引用文件，其最新版本（包括所有的修改单）适用于本文件。

GB 19489 实验室 生物安全通用要求

GB/T 6682 分析实验室用水规格和试验方法

GB/T 27403 实验室质量控制规范 食品分子生物学检验

3 术语和定义

下列术语和定义适用于本文件。

3.1 实时荧光 PCR Real-time PCR

在 PCR 反应体系中加入荧光基团，利用荧光信号积累实时监测整个 PCR 进程，实现对起始模板的定量及定性分析。

3.2 Ct 值 Cycle threshold（Ct）

每个反应管内的荧光信号到达设定的阈值时所经历的循环数。

4 缩略语

下列缩略语适用于本文件。

4.1　CTAB：cetyltrithylammonium bromide，十六烷基三甲基溴化铵。

4.2　*cytb*：cytochrome b，线粒体细胞色素 b 基因。

4.3　dATP：deoxyadenosine triphosphate，脱氧腺苷三磷酸。

4.4　dCTP：deoxycytidine triphosphate，脱氧胞苷三磷酸。

4.5　dGTP：deoxyguanosine triphosphate，脱氧鸟苷三磷酸。

4.6　DNA：deoxyribonuleic acid，脱氧核糖核酸。

4.7　dNTP：deoxyribonuleoside triphosphate，脱氧核苷酸三磷酸。

4.8 dTTP：deoxythymidine triphosphate，脱氧胸苷三磷酸。

4.9 EDTA：Ethylene diaminetetraacetic acid，乙二胺四乙酸。

4.10 *GH*：Growth Hormone，生长激素基因。

4.11 PCR：polymerase chain reaction，聚合酶链式反应。

4.12 Tris：Tris（Hydroxymethyl）aminomethane，三羟甲基氨基甲烷。

4.13 *Taq*：*Thermus aquaticus*，水生栖热菌。

4.14 UNG：uracil N-glycosylase，尿嘧啶N-糖基化酶。

5 生物安全措施

为了保护实验室人员的安全和防止污染，应由具备资格的工作人员检测，所有生物安全防护的设施、设备和安全管理的基本要求按照GB 19489 有关规定执行。

6 方法原理

基于实时荧光PCR的检测原理，采用哺乳动物通用和牛（家牛、牦牛和水牛）、羊（山羊和绵羊），以及家牛、牦牛、水牛、山羊、绵羊单一乳源成分的特异性引物探针，对样品中提取的DNA模板进行实时荧光PCR反应。根据反应结果判定羊乳样品中是否含有牛（家牛、牦牛和水牛）、羊（山羊和绵羊），以及家牛、牦牛、水牛、山羊、绵羊单一乳源成分。

7 仪器设备

7.1 实时荧光PCR仪。

7.2 核酸蛋白分析仪或紫外分光光度计。

7.3 分析天平：精度0.1 mg。

7.4 水浴锅。

7.5 离心机：离心力≥12 000 g。

7.6 微量移液器：0.5~10 μL，10~100 μL，20~200 μL，100~1 000 μL。

7.7 涡旋混匀仪。

7.8 恒温孵育器。

7.9 pH 计。

8 试剂和材料

除另有规定外，所有试剂均为分析纯或生化试剂。实验用水符合GB/T 6682的要求。所有试剂均用无DNA酶污染的容器分装。

8.1 哺乳动物、牛（家牛、牦牛和水牛）、羊（山羊和绵羊）通用引物探针，以及家牛、牦牛、水牛、山羊、绵羊成分扩增引物和探针详见表1。

表 1 检测用引物和探针

名称	检测物种	引物序列（5′-3′）	靶基因	扩增长度	来源
质控	哺乳动物	F：CTCAGCAGGGTCTTCACCAACA R：TGCCTTCCTCTAGGTCCTTCAGC P：FAM-TGGTGTTTGGCACCTCGGAC-CGT-TAMRA	GH	82 bp	本文件
牛	家牛、水牛和牦牛	F：GTTGCCAGCCATCTGTTGTTTG R：ATTAGGAAAGGACAGTGGGAGTGG P：FAM-TCCCGTGCCTTCCTTGACCCT-GG-TAMRA	GH	81 bp	本文件
羊	山羊和绵羊	F：TGCCAGCCATCTGTTGTTACC R：AAAGGACAGTGGGCACTGGAG P：FAM-CCCGTGCCTTCCTAGACCCTG-GAAG-TAMRA	GH	79 bp	本文件
家牛	家牛	F：GCAGGCATGCTGGGGATG R：CTAAGAACCAGGAGCGTGGACAG P：FAM-TACCCAGGTGCTGAAGAAT-TGACCCGG-TAMRA	GH	135 bp	本文件
水牛	水牛	F：TTCATTGAYCTCCCTGCTCC R：GGAATAGGCCGGTGAGGATT P：FAM-ACTTTGGCTCTCTCC-MCB	cytb	100 bp	SN/T 3730.7—2013
牦牛	牦牛	F：AACTTCGGCTCCATAGTAGGAGTA R：CGTCTCGGCAGATATGGACA P：FAM-CGGAGGAGAATGCTGTTGTT-GTATCGGATGT-TAMRA	cytb	124 bp	BJS201904
山羊	山羊	F：GGAGGGAACTGAGGACCTCAGTG R：GGTGTGTGGTTCCCCTCACTG P：FAM-CCTTATTCGGAACCCTC-CCCACCCCA-TAMRA	GH	121 bp	本文件
绵羊	绵羊	F：CGGAGTAATCCTCCTATTTGC R：CTAGGCTTGTGCCAATATATGGA P：FAM-TATTACCAACCTCCTTT-MGB	cytb	137 bp	GB 38164—2019

8.2 三氯甲烷（氯仿）。

8.3 异丙醇。

8.4 *Taq* 酶：5 U/μL。

8.5 UNG 酶（尿嘧啶-N-糖基化酶）。

8.6 70%乙醇（*V*/*V*）。

8.7 NaCl 溶液：1.2 mol/L，灭菌后室温贮存。

8.8 MgCl$_2$ 溶液：2.5 mmol/L，灭菌后室温贮存。

8.9 dNTP 溶液（dGTP、dCTP、dATP、dTTP 或 dUTP）：各 2.5 mmol/L。

8.10 蛋白酶 K 溶液：10 mg/mL，用 X mL 的无菌水或者蛋白酶 K 缓冲液溶解 10X mg

蛋白酶 K 粉末（如用 5 mL 的无菌水或者蛋白酶 K 缓冲液溶解 50 mg 的蛋白酶 K 粉末），涡旋混匀制备成浓度为 10 mg/mL 的蛋白酶 K 溶液，-20℃贮存。

8.11 CTAB 提取液：20 g/L CTAB, 1.4 mol/L NaCl, 0.1 mol/L Tris-HCl, 0.02 mol/L Na$_2$EDTA, pH 值 8.0，灭菌后室温贮存。

8.12 CTAB 沉淀液：5 g/L CTAB, 40 mmol/L NaCl，灭菌后室温贮存。

8.13 10×PCR 缓冲液：KCl 100 mmol/L，(NH$_4$)$_2$SO$_4$ 160 mmol/L，MgSO$_4$ 20 mmol/L，Tris-HCl（pH 值 8.8）。

8.14 实时荧光 PCR 反应混合液：12.5 μL 反应体系包括 1~2 U 的 *Taq* 酶、2×PCR 缓冲液、2.5~4.0 mmol/L 的 MgCl$_2$、0.2~1 U 的 UNG 酶、0.2 mmol/L 的 d（A，C，G）TPs、0.2~0.4 mmol/L dUTP、400 nmol/L ROX 染料（某些荧光 PCR 仪不需要 ROX 校正）；也可用等效的实时荧光 PCR 预混液。

9 检测步骤

9.1 样品前处理

9.1.1 乳粉

将样品充分混匀，取 3~6 g，均分成 3 份，分别为测试样品、复检样品和保存样品，并装入离心管或密封袋中，加封后，标明标记，4℃储存。

9.1.2 液态乳

将样品充分混匀，分别取 30~60 mL，均分成 3 份，分别为测试样品、复检样品和保存样品，并装入离心管或密封袋中，加封后，标明标记，4℃储存。

以上前处理过程中应小心操作，确保防止任何交叉污染和样品组分的改变。

9.2 DNA 提取

取处理好的样品（固体 1~2 g，液体 10~20 mL）于 50 mL 离心管中，固体加入 3~5 mL CTAB 提取液，液体加入等体积的 CTAB 提取液，60~100 μL 蛋白酶 K（10 mg/mL）；置于 65℃恒温孵育器中 500~1 000 rpm 振荡孵育 2 h 左右（或 200~300 rpm 振荡孵育过夜）；取出后 13 000 *g* 离心 10 min，小心用洁净纸刮去表面油脂，转移清液至 50 mL 超速离心管中；加入 0.7 倍体积的三氯甲烷，剧烈振荡混匀，室温下 13 000 *g* 离心 10 min；每次转移 800 μL 上清液至 1.5 mL 离心管中，每管加入 0.7 倍体积的三氯甲烷，剧烈振荡混匀，室温下 13 000 *g* 离心 10 min；每次转移 700 μL 上清液至 1.5 mL 离心管中，每管加入等体积 CTAB 沉淀液混匀，13 000 *g* 离心 10 min；弃上清，加入 350 μL 1.2 mol/L NaCl 溶液，充分溶解沉淀；加入 0.8 倍体积的异丙醇或 2 倍体积-20℃冰箱中预冷的无水乙醇混匀，-20℃放置 0.5~1 h，13 000 *g* 离心 10~15 min，弃上清，用 70% 乙醇洗涤沉淀一次，12 000 *g* 离心 10 min，弃上清，室温下晾干。

每管加入 20~50 μL 双蒸水溶解沉淀，多管合并到 1 管混匀，-20℃保存。也可用等效 DNA 提取试剂盒提取模板 DNA。

9.3 DNA 浓度和纯度的测定

使用核酸蛋白分析仪或紫外分光光度计分别检测 260 nm 和 280 nm 处的吸光值 A_{260} 和 A_{280}。DNA 的浓度按照公式（1）计算：

$$c = A \times N \times 50/1\,000 \tag{1}$$

式中：

c = DNA 浓度，单位为纳克每微升（ng/μL）；

A = 260 nm 处的吸光值；

N = 核酸稀释倍数。

当 A_{260}/A_{280} 比值在 1.7~2.1 时，适宜于 PCR 扩增。

也可采用全自动微量核酸蛋白浓度测定仪，直接测定 DNA 浓度和纯度。

将 DNA 浓度稀释至 5~10 ng/μL，用于后续实时荧光 PCR 扩增试验。

9.4 实时荧光 PCR 扩增

9.4.1 实验对照的设立

以目标引物探针对应样品的 DNA 溶液作为阳性对照，以非目标成分样品的 DNA 溶液作为阴性对照，以无菌水为空白对照，分别设置 3 个平行，平行反应体系分别进行靶向基因与内参基因扩增，以 Ct 平均值作为最终结果。

9.4.2 反应体系

实时荧光 PCR 反应体系见表 2。

表 2 实时荧光 PCR 反应体系

试剂	体积/μL
实时荧光 PCR 反应混合液	12.5
正向引物（10 μmol/L）	0.5
反向引物（10 μmol/L）	0.5
探针（10 μmol/L）	0.5
DNA 模板（5~10 ng/μL）	5.0
灭菌 ddH$_2$O	6.0

9.4.3 实时荧光 PCR 反应程序

50℃ 2 min；95℃ 10 min；95℃ 15 s，60℃ 1 min，40 个循环。

9.5 质量控制

以下条件有一条不满足时，实验视为无效：

a）空白对照：无荧光对数增长，相应的 Ct 值>40.0。

b）阴性对照：无荧光对数增长，相应的 Ct 值>40.0。

c）阳性对照：有荧光对数增长，且荧光通道出现典型的扩增曲线，相应的 Ct 值≤30.0。

d）哺乳动物质控检测：有荧光对数增长，且荧光通道出现典型的扩增曲线，相应的 Ct 值≤30.0。

9.6 结果判断与表述

9.6.1 结果判定

在符合质量控制的情况下，被检样品进行乳源动物成分检测时：

a）如 Ct 值≤30，则判定被检样品阳性。

b）如 Ct 值≥35，则判定被检样品阴性。

c）如 30<Ct 值<35，则重复一次。如再次扩增后 Ct 值仍为<35，则判定被检样品阳性；如再次扩增后 Ct 值≥35，则判定被检样品阴性。

9.6.2 结果表述

a）样品阳性，表述为"检出××源性 DNA 成分"；

b）样品阴性，表述为"未检出××源性 DNA 成分"。

10 防止污染措施

防止污染措施应符合 GB/T 27403 附录 D 的规定。

附录 A
（资料性）
扩增靶标参考序列

A.1 哺乳动物 *GH* 基因扩增靶序列（山羊 GeneBank：KU288612.1，绵羊 GeneBank：EF077162.1，家牛 GeneBank：M57764.1）

CTCAGCAGAGTCTTCACCAACAGCCTGGTGTTTGGCACCTCGGACCGTGTCTATGAGAAGCTGAA GGACCTGGAGGAAGGCA

A.2 牛 *GH* 基因扩增靶序列（家牛 GeneBank：M57764.1，水牛 GeneBank：JF894306.1，牦牛 GeneBank：AY271297.1）

GTTGCCAGCCATCTGTTGTTTGCCCCTCCCCGTGCCTTCCTTGACCCTGGAAGGTGCCACTCCCA CTGTCCTTTCCTAAT

A.3 羊 *GH* 基因扩增靶序列（山羊 GeneBank：KU288612.1，绵羊 GeneBank：EF077162.1）

TGCCAGCCATCTGTTGTTACCCCTCCCCGTGCCTTCCTAGACCCTGGAAGGTGCCACTCCAGTGCC CACTGTCCTTTCC

A.4 山羊 *GH* 基因扩增靶序列（GeneBank：KU288612.1）

GGGAGGGAACTGAGGACCTCAGTGGTATTTTATCCAAGTAAGGATGTGGTCAGGGGAGTAGAAA TGGGGTGTGTGGGTGGGGAGGGTTCCGAATAAGGCAGTGAGGGGAACCACACACC

A.5 绵羊 *cytb* 基因扩增靶序列（GeneBank：KU899144.1）

CGGAGTAATCCTCCTATTTGCGACAATAGCCACAGCATTCATAGGCTACGTCTTACCATGAGGAC AAATATCATTCTGAGGAGCAACAGTTATTACCAACCTCCTTTCAGCAATTCCATATATTGGCACA AGCCTAG

A.6 家牛 *GH* 基因扩增靶序列（GeneBank：M57764.1）

GCAGGCATGCTGGGGATGCGGTGGGCTCTATGGGTACCCAGGTGCTGAAGAATTGACCCGGTTC CTCCTGGGCCAGAAAGAAGCAGGCACATCCCCTTCTCTGTGACACACCCTGTCCACGCCCCTGGT TCTTAG

A.7 牦牛 *cytb* 基因扩增靶序列（GeneBank：MT975686.1）

CGTCTCGGCAGATATGGGCAACGGAGGAGAATGCTGTTGTTGTATCGGATGTGTAGTGTATTGCT AGGAATAGGCCTGTGAGGATTTGTAGGATTAAGCATACTCCTAGGAGGGAGCCGAAGTT

A.8 水牛 *cytb* 基因扩增靶序列（GeneBank：MH718885.1）

TTCATTGATCTCCCTGCTCCATCAAACATCTCATCATGATGAAACTTTGGCTCTCTCCTAGGCATC TGCCTAATTCTGCAAATCCTCACCGGCCTATTCC

奶真实性鉴定 实时荧光 PCR 法
Identification of milk authenticity—
Real-time PCR method

标　准　号：T/TDSTIA 035—2023
发布日期：2023-08-10　　　　　　　　　实施日期：2023-08-12
发布单位：天津市奶业科技创新协会

前　言

本文件按照 GB/T 1.1—2020《标准化工作导则　第1部分：标准化文件的结构和起草规则》的规定起草。

本文件的某些内容可能涉及专利。本标准的发布机构不承担识别这些专利的责任。

本文件由国家奶业科技创新联盟提出并归口，其他单位可参考。

本文件起草单位：中国农业科学院北京畜牧兽医研究所、农业农村部奶产品质量安全风险评估实验室（北京）、农业农村部奶及奶制品质量监督检验测试中心（北京）、国家奶业科技创新联盟、中优乳奶业研究院（天津）有限公司。

本文件主要起草人：郑楠、苏莹莹、叶巧燕、刘慧敏、王加启、屈雪寅、郝欣雨、张宁、张养东。

奶真实性鉴定 实时荧光 PCR 法

1 范围

本文件规定了奶的动物源性成分实时荧光 PCR 检测方法。

本文件适用于奶牛奶、水牛奶、牦牛奶、山羊奶、绵羊奶、马奶、驴奶和骆驼奶动物源性成分的真实性鉴定。

2 规范性引用文件

下列文件中的内容通过文中的规范性引用而构成本文件必不可少的条款。其中，注日期的引用文件，仅该日期对应的版本适用于本文件；不注日期的引用文件，其最新版本（包括所有的修改单）适用于本文件。

GB/T 6682 分析实验室用水规格和试验方法

GB/T 27403 实验室质量控制规范 食品分子生物学检测

GB/T 34796 水溶液中核酸的浓度和纯度检测 紫外分光光度法

3 术语和定义

下列术语和定义适用于本文件。

3.1 实时荧光 PCR real-time PCR

在 PCR 反应体系中加入荧光基团，通过荧光信号的积累实时监控整个 PCR 扩增过程。

3.2 Ct 值 Cycle threshold

每个反应管内的荧光信号达到设定的阈值时所经历的循环数。

4 缩略语

下列缩略语适用于本文件。

DNA：脱氧核糖核酸（deoxyribonucleic acid）

Tris：三羟甲基氨基甲烷（trihydroxymethyl aminomethane）

EDTA：乙二胺四乙酸（ethylenediamine tetraacetic acid）

TE：由三羟甲基氨基甲烷和乙二胺四乙酸配制而成（Tris-EDTA buffer solution）

PBS：磷酸缓冲盐溶液（phosphate buffered saline）

DEPC：焦碳酸二乙酯（diethyl pyrocarbonate）

pUC57：大肠杆菌克隆质粒，大小为 2 710 bp

5 原理

本标准采用 TaqMan 实时荧光 PCR 技术，根据线粒体 DNA 上动物种间多态性的差异设计特异性引物和探针，利用多重实时 real-time PCR 技术，在两个四重体系反应中对待检样品提取的 DNA 进行 PCR 扩增，根据扩增特异性片段结果，实现 8 种畜奶物种源性成分的定性检测。

6 引物和探针

8种畜奶物种特异性引物探针序列见表1。

表1 引物探针序列

目标物种	序列（5′-3′）	扩增目的片段大小/bp
奶牛，水牛，牦牛	F：CCTAGCAATACACTACACATCCG R：TTGAAGCTCCGTTGCGT 奶牛-P：TCTGTTACCCATATCTGC-CGAGACGTG 水牛-P：CGTGAACTATGGATGAA 牦牛-P：CTCCGTTGCCCATAT	106
山羊，绵羊	F：ATAGGCTATGTTTTACCATGAGGAC R：CATTCGACTAGGTTTGTGCCA 山羊-P：ACAGTCATCACTAATCT-TCTTTCAGCAATCCC 绵羊-P：TATTACCAACCTCCTTTC	104
马，驴	F：AGACCCAGACAACTACACCCC R：TTGTTGGGAATGGAGCGTA 马-P：TACTTCCTGTTTGCCTAC 驴-P：TTCCTATTTGCTTACGCC	108
骆驼	F：ACAGGCTCTAATAACCCGACAG R：GGTGAGAACAGTACGAGAATAAGG 骆驼-P：CTCCTCAGACATAGACA	134

注：F代表上游引物；R代表下游引物；P代表探针。

7 试剂或材料

除另有规定外，所有试剂均为分析纯或生化试剂。试验用水符合GB/T 6682中一级水的要求。

7.1 异丙醇

7.2 无水乙醇

7.3 Tris-HCl，1 mol/L，pH8.0：在800 mL去离子水中溶解121.1 g Tris，冷却至室温后用浓盐酸调节溶液的pH值至8.0，加水定容至1 L，分装后高压灭菌。

7.4 乙二胺四乙酸钠盐（EDTA-$Na_2 \cdot 2H_2O$）。

7.5 2×TaqMan Fast qPCR Master Mix，也可用等效的实时荧光PCR预混液。

7.6 1×TE缓冲液：在800 mL水中，依次加入10 mL的1 mol/L Tris-HCl（pH值8.0）和2 mL的0.5 mol/L EDTA（pH值8.0），用水定容至1 L，分装后高压灭菌。

7.7 PBS缓冲液：称取8 g NaCl、0.2 g KCl、1.44g Na_2HPO_4、0.24 g KH_2PO_4，加入800 mL水溶解，用HCl调节pH值至7.4，加水定容至1 000 mL，在121℃条件下，灭菌30 min。

7.8 DEPC水。

7.9 磁珠法血液基因组DNA提取试剂盒，也可使用其他等效方法提取DNA。

7.10 阳性质粒：将合成的引物扩增的目的片段基因序列插入pUC57载体，构建重组质粒，经PCR及测序鉴定为准确无误的重组质粒作为阳性对照。

7.11 双蒸水：重蒸水的一种。

7.12 EP管

8 仪器设备

8.1 实时荧光PCR仪。

8.2 紫外分光光度计或核酸蛋白测定仪。

8.3 微量移液器（0.1~2.5 μL、0.5~10 μL、10~100 μL、100~1 000 μL）。

8.4 干式恒温器金属浴。

8.5 离心机：转速不低于6 000 r/min。

8.6 涡旋振荡仪。

8.7 高压灭菌锅。

8.8 生物安全柜。

9 试验步骤

9.1 DNA提取

量取待测奶样1 mL，或将奶粉样品按1∶8用双蒸水溶解配制成复原乳后取1 mL，分别置于干净2 mL EP管中，6 000 r/min离心10 min；弃去上层脂质层与中间层液体，加入1 mL TE缓冲液反复冲洗沉淀，6 000 r/min离心10 min；弃去清液，加入1 mL PBS反复冲洗沉淀，6 000 r/min离心10 min；弃去清液，加入500 μL PBS反复冲洗沉淀，6 000 r/min离心10 min；弃去清液，加入200 μL PBS反复冲洗沉淀，参照《磁珠法血液基因组DNA提取试剂盒说明书》进行DNA的提取。

9.2 DNA浓度和纯度的测定

按照GB/T 34796方法测定并计算DNA的浓度，判定DNA浓度和纯度，当A_{260}/A_{280}比值在1.7~1.9时，适用于PCR扩增。

注：实时荧光PCR扩增试验前，应将DNA浓度稀释至5~20 ng/μL范围。

9.3 实时荧光PCR扩增

检测过程设置空白对照、阴性对照和阳性对照。

以双蒸水为空白对照，以不含目标成分的样品作为阴性对照，用含目标片段的阳性质粒作为阳性对照。

使用本文件表1中列出的荧光标记引物和探针进行PCR扩增，根据探针类型以奶牛、水牛、驴、骆驼和牦牛、山羊、绵羊、马、驴两个组合建立两个四重体系，以Ct平均值作为最终结果。反应体系的体积为20 μL，体系组成见表2。

表2 实时荧光PCR反应体系组成

试剂名称	终浓度	体积/μL
2×TaqMan Fast qPCR Master Mix	1×	10

(续表)

试剂名称	终浓度	体积/μL
上游引物（10 μmol/L）	0.2 μmol/L	0.4
下游引物（10 μmol/L）	0.2 μmol/L	0.4
探针（10 μmol/L）	0.2 μmol/L	0.3
DNA 模板（5 ng/μL）	—	1.0
RNase free ddH$_2$O	—	补至 20

9.4 扩增条件

94℃预变性 3 min，然后 94℃变性 5 s、57 ℃退火 15 s、72℃延伸 30 s，共 40 个循环。

10 标准曲线和扩增效率

分别将 8 种奶 DNA 溶液从 20 ng/μL 经 5 倍梯度逐级稀释至 0.00128 ng/μL，以同级别浓度梯度分别进行等体积混合，以混合后的 DNA 为模板进行多重实时荧光 PCR 扩增，各浓度进行 3 个平行，以浓度的对数为横坐标，Ct 值为纵坐标制作标准曲线，并按公式 $Ef(\%)=(10^{-1/斜率}-1)\times100$ 计算扩增效率，以此来考察该方法的灵敏度（表3）。

表3 多重实时荧光 PCR 标准曲线和扩增效率

奶源	标准曲线	R^2	扩增效率/%
奶牛	$y=-3.3758x+26.636$	0.9914	97.80
水牛	$y=-3.5683x+26.698$	0.9956	90.65
牦牛	$y=-3.5169x+26.261$	0.9957	92.46
山羊	$y=-3.5818x+27.385$	0.9900	90.19
绵羊	$y=-3.3806x+25.735$	0.9965	97.61
马	$y=-3.5528x+29.88$	0.9911	91.19
驴	$y=-3.4092x+25.785$	0.9967	96.48
骆驼	$y=-3.5664x+25.984$	0.9932	90.72

11 结果判定

11.1 阳性对照：荧光通道有荧光信号检出，且出现典型的扩增曲线，Ct 值≤35。

11.2 空白对照、阴性对照：荧光通道无荧光信号检出，或有荧光信号但无典型扩增曲线，Ct 值>35。

11.3 样品判定：荧光通道有荧光信号检出，且出现典型的扩增曲线，Ct 值≤35，判定为阳性；荧光通道无荧光信号检出，或有荧光信号但无典型扩增曲线，Ct 值>35，判定为阴性。

12 结果表述

结果为阳性者,表述为"检出×××(目标物种)成分"。

结果为阴性者,表述为"未检出×××(目标物种)成分"。

13 检出限

以骆驼奶为基质,总体积为 1 mL,按 90%、70%、50%、30%、10%、5%、1%、0.5%、0.1%、0.01%,10 个不同的体积比,分别向其中掺入牛奶、水牛奶、驴奶和牦牛奶、山羊奶、绵羊奶、马奶。骆驼奶的模拟掺假样品以山羊奶为基质,按照上述 10 个比例掺入骆驼奶。8 种畜奶源性成分的检出限见表 4。

表 4 8 种畜奶源性成分的检出限

物种	检出限/%
奶牛	0.10
水牛	0.5
牦牛	0.01
山羊	0.01
绵羊	0.01
马	0.5
驴	0.5
骆驼	0.01

14 检验过程中防止交叉污染的措施

按照 GB/T 27403 中附录 D 的规定执行。

附录 A
（规范性）
8 种畜奶物种源性成分扩增靶标序列

奶牛成分的基因扩增靶标参考序列（GenBank：NC_006853.1）：CCTAGCAATACACTACACATCCGACACAACAACAGCATTCTCCTCTGTTACCCATATCTGCCGAGACGTGAACTACGGCTGAATCATCCGATACATACACGCAAACGGAGCTTCAA

水牛成分的基因扩增靶标参考序列（GenBank：NC_006295.1）：CCTAGCAATACACTACACATCCGACACAACAACAGCATTCTCCTCCGTCGCCCACATCTGCCGGGACGTGAACTATGGATGAATTATTCGATACATACACGCAAACGGAGCTTCAA

牦牛成分的基因扩增靶标参考序列（GenBank：NC_025563.1）：CCTAGCAATACACTACACATCCGATACAACAACAGCATTCTCCTCCGTTGCCCATATCTGCCGAGACGTGAACTACGGCTGAATTATCCGATATATACACGCAAACGGAGCTTCAA

山羊成分的基因扩增靶标参考序列（GenBank：NC_005044.2）：
ATAGGCTATGTTTTACCATGAGGACAAATATCATTTTGAGGGGCAACAGTCATCACTAATCTTCTTTCAGCAATCCCATATATTGGCACAAACCTAGTCGAATG

绵羊成分的基因扩增靶标参考序列（GenBank：NC_001941.1）：
ATAGGCTATGTTTTACCATGAGGACAAATATCATTCTGAGGAGCAACAGTTATTACCAACCTCCTTTCAGCAATTCCATATATTGGCACAAACCTAGTCGAATG

马成分的基因扩增靶标参考序列（GenBank：NC_001640.1）：
AGACCCAGACAACTACACCCCAGCTAACCCTCTCAGCACTCCCCCTCATATTAAACCAGAATGGTACTTCCTGTTTGCCTACGCCATCCTACGCTCCATTCCCAACAA

驴成分的基因扩增靶标参考序列（GenBank：NC_001788.1）：
AGACCCAGACAACTACACCCCAGCTAACCCCCTCAGCACTCCCCCTCATATTAAGCCAGAATGGTATTTCCTATTTGCTTACGCCATCCTACGCTCCATTCCCAACAA

骆驼成分的基因扩增靶标参考序列（GenBank：NC_009629.2）：
ACAGGCTCTAATAACCCGACAGGAATCTCCTCAGACATAGACAAAATCCCATTCCACCCCTACTACACAATTAAAGACATCCTAGGAGCACTGCTACTAGTACTAATTCTCCTTATTCTCGTACTGTTCTCACC